KB026325

코리안 디아스포라의 다중정체성과 모국관계

저자

임채완 전남대학교 세계한상문화연구단 전 단장, 전남대학교 정치외교학과 명예교수, 정치사회학박사

선봉규 전남대학교 글로벌디아스포라연구소 연구교수, 정치학박사

지충남 전남대학교 글로벌디아스포라연구소 연구교수, 정치학박사

전형권 전남대학교 글로벌디아스포라연구소 연구위원, 정치학박사

전남대학교 세계한상문화연구 6차 총서 04

코리안 디아스포라의 다중정체성과 모국관계

2019년 6월 25일 초판 인쇄
2019년 6월 30일 초판 발행

지은이 | 임채완 · 선봉규 · 지충남 · 전형권
펴낸이 | 이찬규
펴낸곳 | 북코리아
등록번호 | 제03-01240호
주소 | 462-807 경기도 성남시 중원구 사기막골로 45번길 14
우림 2차 A동 1007호
전화 | 02-704-7840
팩스 | 02-704-7848
이메일 | sunhaksa@korea.com
홈페이지 | www.북코리아.kr
ISBN | 978-89-6324-608-6 (93300)
978-89-6324-557-7 (세트)

값 15,000원

• 본서의 무단복제를 금하며, 잘못된 책은 구입처에서 바꾸어 드립니다.
• 이 저서는 2016년 대한민국 교육부와 한국연구재단의 지원을 받아 수행된 연구임 (NRF-2016S1A5B8925665).
This work was supported by the Ministry of Education of the Republic of Korea and the National Research Foundation of Korea (NRF-2016S1A5B8925665).

전남대학교 세계한상문화연구 6차 총서 04

코리안 디아스포라의 다중정체성과 모국관계

Korean Diaspora: Multiple Identity and Relations with Home Country

임채완 · 선봉규 · 지충남 · 전형권

북코리아

| 총서를 펴내며 |

이 총서는 전남대학교 세계한상문화연구단이 2010년도 한국연구재단 대학중점연구소지원사업으로 선정된 "민족분산과 지구적 소통으로서 디아스포라 연구"라는 연구과제 중 제2단계 연구주제인 "동북아 디아스포라의 초국가적 성격"이라는 3년간의 연구과제 중 제2차년도에 해당되는 내용으로 1년간 수행한 연구결과물을 엮어 책으로 출간한 것이다. 연구단 중점연구는 계속해서 제2단계 3년간 "동북아시아 디아스포라의 초국가적 성격", 제3단계 3년간 "디아스포라 공동체와 지구적 소통"이라는 주제로 수행되며, 연구결과물은 매년 총서로 출판될 예정이다.

본 연구단이 수행하고 있는 중점연구 제2단계의 연구목표는 한국, 중국, 일본 등 동북아 이산민족들의 현지적응과 정착기제를 초국가적인 관점에서 비교하여 이들 국가에서 발생한 이산민족의 보편성과 특수성을 규명하는 데 있다. 이론적으로는 베르브너(Werbner)가 정의한 '디아스포라의 위치(Place of Diaspora)' 개념과 초국가주의(Transnationalism)의 개념을 원용하여 탈영토적 '경계(Border)'에 걸쳐 사는 이주민들의 초국가적인 삶을 재해석하는데 있다. 또한 동북아 디아스포라가 거주국에 정착하는 과정에서 마주하게 되는 '물리적 경계(Boundary)'가 어떤 방식으로 그들을 타자화 시키고 심리적 경계로 고착화 시켜 왔는지, 그리고 모국에 대한 디아스포라들의 상상력은 어떻게 형상화 되었고 다중정체성(Multiple-Identity)을 발현시켰는지에 대해 밝히는 데 있다.

구체적으로 제2단계 3년간 수행될 연구내용을 살펴보면, 제1년차에는 동북아 이산민족(해외 한인, 화인, 일계인)의 현지적응과 정착기제를 연구하였다. 모국을 떠난 동북아 디아스포라들이 정착지에서 현지사회로부터 경험한 배제와 타자화의 기제에 대하여 구체적인 사례와 자료수집을 통해 규명하였다. 또한 동북아 디아스포라 이주자들이 어떻게 현지에 적응했는지에 대한 현지적응 기제(Mechanism)를 밝히고 있다. 제2년차에는 해외 한인, 화인, 일계인의 다중정체성과 모국과의 연계성을 비교 연구하는 작업을 수행하였다. 본 연구과제를 수행하기 위해 모국에 대한 동북아 디아스포라의 송금, 모국에 거주하는 가족 내지 친척과의 교류와 방문정도, 모국에 대한 기대와 희망 등을 심층 조사하였다. 그리고 도상학(Iconography)적 관점에서 동북아 디아스포라가 갖는 '모국신화'와 '상징'기제를 조사하여 모국에 대한 기억장치가 어떻게 각인되었고, 실제로 어떻게 작용하였는지에 대하여 분석하였다. 연구과정에서 발굴한 자료들을 가공하여 문화콘텐츠로 개발하였다. 제3년차는 동북아 디아스포라의 사례를 통해 동북아 이산민족의 초국가적 성격의 비교연구를 수행할 것이다. 먼저 연구 수행을 위해 동북아 민족분산을 유형별(Typology)로 분류하고 이주의 보편성과 특수성을 개념화하는 이론 작업을 시도할 것이다. 또한 동북아 각국에서 국제이주를 유발하는 배출요인(Push Factor)과 이주를 수용하는 흡인요인(Pull Factor)이 무엇인지를 비교 연구할 것이다. 이러한 연구를 통해 궁극적으로 동북아 디아스포라의 초국가적 성격을 도출해 낼 것이며, 동북아 3국간의 민족분산의 유의미한 차이점을 도출하고 이를 민류학적인 개념의 틀로 분석할 것이다. 2단계 3년간의 연구성과는 아카이브 작업을 통해 '디아스포라 문화자원 DB'로 구축하여 후속연구에 유용한 자료를 제공할 것이다.

연구단은 지금까지 5차총서로서 제1단계 제1차년도 연구총서는 『코리안 디아스포라 이주루트와 기억』, 『화인 디아스포라의 이주루트와 기억』, 『일계인 디아스포라: 초국적 이주루트와 글로벌네트워크』 등 총 3권으로 출판하였다. 제2차년도 연구총서는 『코리안 디아스포라의 집단적 기억과 재영토화』, 『화교 디아스포라의 집단적 기억과 재영토화』, 『일계인 디아스포라의 초국적 공간 이동과 재영토화』 등 총 3권으로 출간하였다. 제3차년도 연구총서는 『코리안 디아스포라의 혼종성과 문화영토』, 『화교 디아스포라의 혼종성과 문화영토』, 『일계인 디아스포라의 혼종성과 문화영토』 등 총 3권으로 출판하였다. 이상과 같이 제1단계 3년간의 연구총서는 연구단 5차총서로서 총 9권으로 출간하였다.

2단계 1차년도의 연구총서는 『코리안 디아스포라의 현지적응과 정착기제』, 『화인 디아스포라의 현지적응과 정착기제』, 『일계인 디아스포라의 문화적응과 정착기제』 등 총 3권으로 출간되었다. 이번에 출간하게 될 2단계 2차년도의 연구총서는 『코리안 디아스포라의 다중정체성과 모국관계』, 『화인 디아스포라의 다중정체성과 모국관계』, 『일계인 디아스포라의 초국가성과 다중정체성』 등 총 3권으로 출간되며, 3차년도의 연구총서는 『코리안 디아스포라의 초국가적 성격』, 『화교 디아스포라의 초국가적 성격』, 『일계인 디아스포라의 초국가적 성격』 등 총 3권으로 출간될 예정이다. 이상과 같이 제2단계 3년간의 연구총서는 6차총서로서 총 9권이 출간될 것이다.

중점연구 제2단계 제2차년도는 "해외 한인, 화인, 일계인의 다중정체성(Multi-Identity)과 모국관계 탐구"라는 주제로 비교 연구를 수행하였다. 본 연구소는 중점연구 제1팀(해외한인 연구팀), 중점연구 제2팀(해외화인 연구팀), 중점연구 제3팀(해외일계인 연구팀) 등 3개 팀으로 구성하여 한 · 중 · 일 3국을 중심으로 동북아 디아스포라의 새로운 정착지에서의 다중정체성과 모국관계를 비교 분석하였다.

연구방법은 한인, 화인, 일계인의 3개국 사례연구팀을 구성하여 이들 해당지역에 대한 현지조사를 통한 심층면접과 참여관찰을 진행하였다. 또한 이들 동북아 이산집단의 경험을 비교적 온전히 증언할 수 있는 면담자를 선정하여 이주민의 다중정체성과 모국관계에 대한 구술자료를 수집하고 이를 채록하여 연구자료로 활용하였다. 이 연구는 먼저 국내에서 문헌연구를 바탕으로 현지 설문조사와 면접조사를 실시하였다. 주요 조사지역은 중국, 일본, 카자흐스탄 등을 방문하여 현지조사를 실시하였다. 중점연구의 세부팀별 연구성과 및 자료수집 현황은 다음과 같다.

해외한인팀은 2단계 2차년도 연구과제인 "해외한인의 다중정체성과 모국관계"를 분석하기 위해 문헌연구, 현지방문조사, 설문조사, 면접조사를 실시했다. 문헌연구는 중국조선족, 재일한인, 카자흐스탄 고려인 등을 대상으로 해외한인의 의식주생활, 정체성, 그리고 모국에 대한 기억 및 상징기제, 모국과의 관계에 관한 선행연구(논문, 단행본)를 검토했다. 현지방문조사는 2015년 1월 20일부터 31일까지 CIS지역 카자흐스탄을 방문하여 고려인의 의식주 생활, 모국에 대한 기억 및 신화, 모국 상징기제 등에 관한 기초 자료 수집과 설문조사, 면접조사 등을 진행했다. 중국조선족과 재일한인의 의식주생활, 모국에 대한 기억 및 신화, 모국 상징기제에 관한 조사는 현지 협력 연구원(중국 연변대 김홍매 교수, 성공회 오사카 이쿠노쿠센터 오광현 총간사)을 활용하여 기초 자료 수집과 설문조사를 실시했다.

해외한인팀은 극동의 한인들이 1937년 9월 스탈린의 강제이주 정책으로 중앙아시아 강제이주의 첫 정착지였던 우슈토베와 알마티를 방문하여 고려인의 생활상을 살펴보았다. 이 중 우슈토베에서 조금 떨어진 바스튜베에 있는 토굴 터와 공동묘지를 방문하였다. 카자흐스탄 고려인들의 식생활을 살펴보면 한민족 전통음식인 김치와 반찬, 그리고 장류(된장, 고추장) 등을 일상생활에서 즐겨 먹고 있었다. 카자흐스탄은 130여 개 소수민족으로 구성되어 있는 만큼 다양한 음식문화를 가지고 있어 고려인 또한 이들의 음식문화를 적극 수용하여 즐기고 있었다.

카자흐스탄 고려인들의 현지사회 적응, 모국에 대한 기억과 상징기제, 그리고 모국에 대한 인식 등과 관련된 면접조사를 수행하여 총 18건의 구술자료를 수집하였다. 수집내용은 다음과 같다. 첫째, 카자흐스탄 고려인들의 현지사회 적응 및 차별에 대한 내용이다. 현재 고려인사회에서 대두되고 있는 현상 중 주목할 점은 젊은 고려인들의 고려말 사용, 민족문화 및 풍습 등이 거의 상실되어 가고 있다는 것이다. 특히 젊은 층이 고려말을 거의 구사하지 못하는 것이 가장 큰 문제로 지적되고 있다. 고려인들의 거주국사회에서의 구성원간의 교류 및 소통은 전반적으로 활발히 이루어지고 있는 것으로 나타났다. 고려인들은 거주국사회의 문화를 적극적으로 수용할 뿐만 아니라 고려인의 전통 문화를 중시하는, 이른바 통합전략을 취하고 있었다. 현재 카자흐스탄은 1991년 독립한 이래 '카자흐어'를 국어로 지정하는 등 민족주의를 강조하면서 카자흐화정책으로 고려인들이 취업하는데 차별을 경험하고 있는 것으로 나타났다. 둘째, 고려인의 모국에 대한 기억 및 상징기제 관련 내용이다. CIS지역 고려인들은 1937년 스탈린의 강제이주 정책으로 중앙아시아로 이주 당했고, 1953년까지는 강력한 민족주의 정책으로 모국어를 상실하거나 전통문화를 상실하는, 이른바 민족성 상실의 시대를 살았다. 그럼에도 불구하고 고려인들은 의식주, 돌, 설날, 한식, 결혼, 환갑, 장례 등 한민족의 전통문화를 유지하고 있다. 아울러 150년의 이산의 역사에서 모국을 기억하고 그리워하는 의식이 고려인사회 곳곳에 아직까지 남아 있다.

고려인의 모국에 대한 인식과 관련하여 CIS지역 고려인들은 소련해체와 한소수교가 이루어진 1990년대 초반 한국에 대한 관심이 높아지기 시작했으며, 일부 고려인들의 경우는 한국을 방문하기도 했다. 소련해체 이후 카자흐스탄이 독립국가를 선포하면서 고려인은 민족문화단체(알마티 고려문화중앙회)를 결성하였으며, 우리말 교육(한글학교 운영 등)에 대한 관심도 높아지기 시작했다. 특히 최근에는 한류 붐으로 고려인의 젊은 세대들이 한국 문화에 대한 관심이 높아지고, 한국 방문을 희망하는 사례가 증가하고 있다.

중국조선족의 의식주 생활, 정체성, 모국사회 인식에 대한 설문조사는 중국 연변대학 김홍매 교수의 협력을 통해 연변조선족자치주(연길, 화룡, 용정, 도문, 돈화, 훈춘, 안도, 왕청 등)에 거주하고 있는 조선족을 대상으로 실시하여 264부를 회수했다. 재일한인의 의식주 생활, 정체성, 모국사회 인식에 대한 설문조사는 성공회 오사카 이쿠노쿠센터 오광현 총간사의 협력을 통해 오사카 거주 재일한인을 대상으로 실시하였다.

해외화인팀은 제2단계 제2차년도 연구과제 '해외 화인의 다중정체성과 모국관계'를 수행하기 위하여 문헌연구와 더불어 현지조사, 설문조사를 진행하였다. 문헌연구는 해외 화인의 다중정체성, 초국가성, 모국관계에 관한 다양한 선행연구를 수집하여 체계적으로 검토하였다. 현지조사는 2015년 2월 2일부터 12일까지 일본에서도 화인 디아스포라들이 가장 밀집되어 있는 도쿄, 요코하마, 오사카, 고베를 방문하여 기초자료 수집과 설문조사, 인터뷰 등을 진행하였다. 설문조사는 화인 디아스포라와 밀접한 연관이 있는 일본 현지 조력자(요고하마화교총회 사무국장 자루워이, 고베화교회관 사무국장 스펑)를 통해 진행하였다.

해외화인팀은 구술조사와 설문조사를 병행하여 화인 디아스포라의 다중정체성 및 모국관계를 탐구하였다. 구체적으로 모국을 떠난 화인 디아스포라들이 거주국에서 어떠한 모국신화를 창조하였고, 모국과 거주국 사이에 "끼어 있는" 존재로서 어떠한 정체성을 형성하고 있으며, 모국과의 관계를 어떻게 유지하고 발전시켜 왔는지를 파악하기 위하여 구술조사와 설문조사를 동시에 진행하였다.

구술조사는 일본에 정착하고 화인 디아스포라를 대상으로 진행하였다. 일본 도쿄 · 요코하마 · 오사카 · 고베 지역에서 총 16건의 녹취자료를 확보하였다. 구술조사에 참여한 연구대상자는 화상, 화인 전문가, 그리고 화교학교 · 화교단체 · 화교신문 등 다양한 분야의 관계자로서 현지 화인 디아스포라 사회를 이해하는데 대표성이 있는 인물로 구성되었다. 연구자는 구술조사 참여자에게 연구목적을 충분히 설명한 후 반구조화 된 설문지를 기초로 자유롭게 대화를 나누었다. 구체적으로 일본 화인 디아스포라의 현황과 의식주생활 실태, 다중정체성, 모국과의 관계 등에 초점을 맞추어 구술조사를 진행하였다. 조사과정에서 연구자는 구술내용뿐만 아니라, 참여자들의 반응과 표정, 조사가 끝나고 면접에서 느끼고 경험했던 내용을 메모하여 자료로 활용하였다. 또한 설문조사는 일본 화인 디아스포라와 밀접한 연관이 있는 현지 조력자를 통해 이루어졌다. 요코하마에서는 요코하마화교총회 사무국장을 담당하고 있는 장루워이(张如伟), 고베에서는 고베화교회관의 사무국장 스펑(石峰)을 통해 설문조사를 진행하였다. 설문조사는 2015년 2월 2일부터 5월 15일까지 진행되었으며, 총 200부를 배포하여 132를 회수하였다. 설문지는 화인 디아스포라 다중정체성 및 초국가성과 관련된 총 127개의 문항으로 구성되어 거주국에서의 생활실태와 정체성, 모국과의 관계를 충분히 반영하였다.

화인 디아스포라들이 거주국에서 형성한 모국신화, 모국에 대한 기억, 모국에 대한 상징과 기표가 그들의 생활터전에서 어떻게 구현되었는지를 파악하기 위해 일본 화인디아스포라들이 밀집 거주하고 있는 차이나타운을 방문하여 현지조사를 진행하였다. 일본에서 가장 대표적인 차이나타운은 요코하마의 쥬카가이(中华街) 차이나타운과 고베에 위치한 난킨마치(南京町) 차이나타운이다.

차이나타운은 화인 디아스포라가 밀접 거주하고 있는 공간으로, 화인 상가·식당·서점, 그리고 화인 명절이나 축제 때 찾아가는 사찰이 있을 뿐만 아니라, 주변에는 그들의 민족교육을 담당하고 있는 화교학교와 화인 네트워크를 구축하고 있는 화교협회도 설립되어 있다. 차이나타운에 거주하고 있는 일본 화인 디아스포라는 파이러우(牌楼), 중국식 건축물 등 시각적인 상징기제를 구축해 모국에 대한 기억을 유지하고 있을 뿐만 아니라, 사찰(寺庙)을 비롯한 종교적 상징기제, 사자춤(舞狮), 전통 무용, 축제 등 다양한 문화적 상징기제를 통해 모국과의 연계를 강화하고 있다. 차이나타운의 모국 신화와 상징기제는 다음과 같다.

첫 번째는 시각적 상징기제이다. 차이나타운에는 중국의 특징을 나타내는 파이러우(牌楼), 용 혹은 판다가 새겨진 중국식 건축을 쉽게 찾아볼 수 있다. 화인 디아스포라는 이러한 민족적 특징이 나타나는 중국식 건축물을 구축함으로써 모국에 대한 기억을 상징화하고 있다. 파이러우는 중국전통 건축문화를 대표하는 건축으로 주나라(周朝)부터 형성되어 지금까지 수천 년의 역사를 이어오고 있다. 요코하마 차이나타운에는 10개의 파이러우가 세워져 있으며, 고베 차이나타운에는 4개의 파이러우가 구축되어 있다.

두 번째는 종교적 상징기제이다. 일본 차이나타운에는 화인 디아스포라의 종교적 특징을 나타내는 사찰 관제묘(关帝庙)와 마주묘(妈祖庙)가 있다. 관제묘는 삼국시대 촉나라 장군 관우(关羽)를 기념하기 위한 사찰로 중국 전통 문화사상에서 충의(忠义)와 용무(勇武)를 상징한다. 마주(妈祖)는 중국 연해지역에서 전승된 민간신앙으로, 마주묘는 화인들이 바다로 나간 상인이나 어민의 안전을 빌기 위해 찾아가는 사찰이다.

세 번째는 문화적 상징기제이다. 일본 특히 차이나타운에 정착하고 있는 화인 디아스포라는 능숙하게 중국어를 구사하고 있을 뿐만 아니라, 모국을 향한 민족정체성을 유지하고 있으며 그들만의 공동체를 구축하고 있다. 그들이 이러한 민족공동체를 형성할 수 있었던 원인 중의 하나가 바로 사자춤, 전통 무용, 명절 축제 등을 비롯한 문화적 상징기제를 구축하였기 때문이다. 요코하마와 고베의 차이나타운에는 중국 전통명절인 추석(中秋)과 춘절(春节) 때 정기적으로 축제를 개최하고 있다. 축제 때에는 중국 전통음식은 물론 사자춤이나 전통 무용을 선보여 그들만의 정체성을 강화하는 동시에 일본사회에 중국 문화를 홍보하기도 한다.

화인 디아스포라의 일본 이주는 진한(秦汉)시기부터 그 역사적 흔적을 찾아볼 수 있다. 대규모 이주는 1890년대부터 현재까지 꾸준히 이어져, 100여 년이라는 이주역사를 유지해왔다. 이주민으로서의 화인 디아스포라는 일본사회에 완전히 동화된 것이 아니라, 모국어와 모국문화를 계승함으로써 그들만의 문화정체성을 형성하고 있다. 화인 디아스포라는 주로 일본의 도쿄(東京), 요코하마(横濱), 오사카(大阪), 고베(神戶) 등 도시 지역에 정착하고 있으며, 차이나타운을 형성하여 공동체를 형성하고 있을 뿐만 아니라, 다양한 축제를 통해 민족정체성을 유지하고 있다. 화인 디아스포라들이 단일민족국가 일본에서 민족정체성을 유지하고, 그들만의 공동체를 형성할 수 있었던 것은 화인 디아스포라의 문화 계승자를 육성하는 민족교육의 장인 화교학교가 존재하기 때문이다.

일본의 화교학교는 전 세계 화교사회에서 가장 오랜 역사를 자랑하고 있다. 그것은 화인 디아스포라의 이주역사에서 최초의 화교학교가 일본에서 설립되었기 때문이다. 19세기 말 재일(在日) 중국인이 증가하자 교육열이 높은 화인 디아스포라는 중국어와 중국 전통문화를 가르칠 수 있는 민족학교 설립에 힘을 모았다. 따라서 순중산(孙中山), 캉유웨이(康有为), 량치차오(梁启超) 등의 주도 하에, 1898년 일본 요코하마에서 최초의 화교학교 "대동학교(大同学校)"가 설립되었다. 대동학교 설립이후 도쿄, 고베, 교토, 나가사키, 홋카이도 등 지역에도 전후 9개의 화교학교가 설립되었지만, 지진과 전쟁 등의 이유로 일부 학교가 폐쇄되었다. 현재 일본에는 도쿄중화학교(东京中华学校), 요코하마중화학원(横滨中华学院), 요코하마야마테중화학교(横滨山手中华学校), 오사카중화학교(大阪中华学校), 고베중화동문학교(神户中华同文学校) 총 5개 화교학교가 운영되고 있다.

1949년 중국 대륙과 대만의 대립으로 인해 화교학교도 대륙계와 대만계로 분립되었다. 일반적으로 중국에서 출판한 교과서와 중국 간체자(简体字)를 가르치는 요코하마야마테중화학교와 고베중화동문학교가 대륙계이고, 대만 교과서를 기준으로 번체자(繁体字)를 가르치는 도쿄중화학교, 요코하마중화학원, 오사카중화학교가 대만계로 인식되고 있다.

일본 화인디아스포라의 주요한 교육시설로 자리매김한 화교학교는 일본 화교사회의 통합과 안정적 발전에 긍정적인 요인으로 작용하고 있으며, 또한 중 · 일 문화교류에도 큰 영향을 미치고 있다. 특히 다문화공생이 일본사회의 새로운 이슈로 등장하자, 화교학교의 3중언어교육과 중 · 일 문화 교육을 병행하는 운영방식은 화교사회의 융합은 물론, 일본사회의 다문화 공생을 추진하는 촉매역할을 수행하고 있다. 화교학교는 중국어 및 전통문화교육을 통해 화교사회를 유지하고 발전시키는 버팀목일 뿐만 아니라, 일본 화교사회와 중국을 연결하는 연결고리이며, 더불어 화교 · 화인이 거주국에서 모국을 체화시키는 상징기제이기도 하다.

화인디아스포라들이 일본사회에 정착하면서 그들만의 민족정체성을 유지하고 민족네트워크를 구축할 수 있었던 것은 화인단체인 화교협회(华侨协会)가 있었기 때문이다. 화인 디아스포라들은 화교협회를 통해 정보를 교환하고 모국과의 연계를 강화하며 민족공동체를 형성하고 있다.

해외 화인팀은 일본 화인디아스포라들의 네트워크 구축 현황을 파악하기 위해 요코하마화교총회와 고베화교회관을 방문 조사하였다. 중국 대륙과 대만의 대립으로 인해 일본에 설립된 화교협회도 대륙계와 대만계로 이분화 되어 있다. 그러나 최근 양안관계의 완화로 인해 일본 화교사회도 이데올로기적인 대립보다는 소통하고 교류하는 융합 현상이 나타나고 있다. 따라서 대륙계와 대만계의 화교협회도 정기적으로 협력하여 축제나 행사를 개최하고 있다.

해외일계인팀의 제2단계 제2차년도 연구수행과제는 '일계인의 다중정체성과 초국가성'으로서 이 연구과제를 수행하기 위해 일계인의 민족정체성 관련 문헌연구를 통해 설문조사표를 작성하였다. 일본 현지조사를 수행하기 위하여 요코하마 JICA(해외이주자료관)자료실, 가나가와 현 쓰루미구 NPO법인 ABC저팬, 시즈오카 현 하마마쓰 시, 나고야 오수지역 브라질학교, 나고야 9번 단지 일계인 집거지와 일계인들의 집합장소인 MIR교회를 방문하여 현지조사를 실시하였다. 일본 현지조사 결과의 중요한 성과는 일계인대상 설문조사 250부, 구술채록 10명, 사진자료 200장, 참고문헌 단행본 7권, 기타 낱장자료 30여 장 등을 수집하였다.

일본 현지조사 연구의 목적은 일계인의 다중정체성과 모국과의 연계성에 관한 구체적인 사례와 자료를 수집하기 위해서였다. 구체적으로는 일계인들이 모국 브라질에 대한 송금, 모국에 있는 가족 내지는 친지와의 교류,

방문정도, 모국에 대한 기대와 희망 등을 심층 조사하였다. 또한 도상학의 관점에서 일계인 디아스포라가 가지고 있는 모국신화와 상징 기제를 조사하여 모국에 대한 기억장치가 어떻게 기표되었고 실제로 어떻게 작용하였는지를 규명하는 데 있었다. 이와 더불어 연구과정에서 발굴한 자료들은 향후 가공하여 문화콘텐츠로 개발할 예정이다.

일본 현지조사는 2015년 2월 2일(월)부터 2015년 2월 15(일)일까지 일본 동경과 나고야를 중심으로 13박 14일간 진행하였다. 현지조사 대상과 장소는 일계인들이 집거하고 있는 가나가와 현 쓰루미구, 시즈오카 현 하마마쓰시, 나고야 오수(大須)지역과 9번 단지, 그리고 일계인 디아스포라의 자료수집과 박물관인 요코하마 해외이주자료관 등을 방문하여 일계인의 다중정체성과 초국가성에 관한 자료를 수집하였다.

일본에 체류하는 일계브라질인은 2007년 32만 명에 달한 적도 있지만 2008년 리먼쇼크 이후 일본국내 불경기에 따른 구조조정으로 약 10만 명 정도가 브라질로 귀국하였으며 그 후 귀국자가 계속 감소하였다. 일본 체류외국인의 경우, 지역별로는 아시아지역이 167만 6,343명으로 81.1%, 남미지역이 24만 3,246명으로 11.8%를 차지하여 체류외국인 전체 92.9%가 아시아 및 남미지역 출신으로 나타났다. 지역별 체류외국인의 체류자격의 특징을 살펴보면, 영주자(영주자 및 특별영주자)가 82만 9,574명으로 가장 많았고 다음으로 '유학생'과 '기능실습생' 순이었다.

또한 남미지역출신자들의 경우 전체 체류자에서 영주자가 15만 3,171명으로 가장 많았고 다음으로 정주자였다. 특히 일본 체류외국인들은 모든 지역에서 증가하였지만 남미지역은 일본에서 체류외국인의 감소비율이 가장 높은 지역으로 3.9%(9,997) 감소한 것으로 나타났다. 현재 일본에 체류하고 있는 일계인들은 약 16만 명 정도이다.

1990년대 이후 도일하여 일본 아이치 현에 거주하는 일계인을 대상으로 그들의 모국인 브라질과의 관계에 대하여 현지 조사한 결과는 다음과 같다.

첫째, 일계인들의 일본 정주가 진행되면서 모국과의 사회적 관계는 점차 강화되고 있었지만 경제적 관계는 더욱 소원해지고 있는 것으로 나타났다. 이것은 일계인 사회가 일본어 부족에 따른 방송이나 신문의 포르투갈어 사용으로 일본사회와 분리되는 또 다른 '정보 게토화' 현상을 보여주는 아이러니컬한 사회적 상황을 연출하고 있는 것으로 생각된다. 또한 이민 초기의 일시적인 돈벌이노동자에서 정착단계로 들어서면서 경제적 관계는 점차 약화되는 현상의 한 단면을 보여주는 것이기도 하다.

둘째, 일계인의 모국과의 사회적 관계는 일계인 상호간 1주일에 1회 정도 친척이나 친구를 만나고 브라질에 재산 보유정도가 낮으며 향후 브라질 귀국의향이 강할수록 모국 브라질에 대한 사회적 관심도 강한 것으로 나타났다. 이러한 현상은 언젠가는 브라질로 귀국할 것이라는 계획을 가지고 있는 일계인들일수록 일본 내에서 일계인들 간의 만남을 지속시키고 브라질에 대한 관심도 높은 것으로 생각된다.

셋째, 일계인의 모국 브라질과의 사회적 관계와 경제적 관계는 민족정체성과는 별도로 민족차별이 강화되면 모국과의 사회적 관계는 강해지고 반면에 경제적 관계는 약화되는 것으로 나타났다. 즉 모국 브라질에 대한 민족정체성이 강할수록 사회적 경제적 관계도 강한 것으로 나타났다.

넷째, 일계인들은 그들의 모국 브라질과의 사회적 관계에서 민족정체성이 강할수록 단체활동에 더욱 적극적이고 일본사회에서 민족차별을 느낄수록 단체활동에 소극적인 것으로 나타났다. 일계인의 모국과의 경제적 관계에서는 민족정체성이 강할수록 브라질과의 경제적 관계강화에 더욱 적극적이고 일본사회에서 민족차별이 강할수록 모국 브라질과의 경제적 관계는 소극적인 것으로 나타났다.

조사결과 일계인의 다중정체성과 모국과의 관계에서 생존전략은 한국 다문화사회의 외국인의 생존전략에도 적용될 수 있을 것으로 생각된다. 일계인의 일본에서의 생활은 모국 브라질과 밀접히 관련되어 있다는 것이다.

만약 일계인들은 지금 일본에서의 생활이 어려워지면 그들의 생활을 되돌아 보게 되고 일본생활에 생존하기 위한 다양한 변화와 개혁을 시도하게 되며 브라질과의 관계강화에도 적극적으로 나서게 될 것이다.

이번 현지 인터뷰조사 결과를 요약하면 일본에서 일계인들은 법률적으로 '일본'과의 관계 때문에 일본인으로 우대되었지만 내면적으로는 일본인과의 차이 때문에 일본인이 아닌 '외국인'으로 인식되어 온 측면이 존재한다. 따라서 일계인들은 자기 정체성으로서 일계인 혹은 일본인이라는 양자의 선택상황에 따라 모국 브라질과의 사회적, 경제적 관계도 결정된 것으로 생각된다.

마지막으로 이 책이 세상에 나오기까지 물심양면으로 도와주신 분들께 감사드린다. 이 책의 연구성과는 중점연구사업의 일환으로 동북아 디아스포라 연구를 수행할 수 있도록 지원해준 한국연구재단, 연구단이 주최한 각종 국내 및 국제학술대회에 참석하여 연구성과에 대한 발표자 및 토론자로 유익한 조언을 해주신 국내외 디아스포라 전문가 및 학자, 연구단 홍보에 아낌없이 지원해주신 언론 관계자들 덕분이다. 이들 모두에게 진심으로 감사드린다. 또한 이른 아침부터 늦은 밤까지 불철주야로 연구에 전념해준 연구단의 전임연구원을 비롯하여 공동연구원, 대학원생 및 연구보조원들에게도 감사를 드린다.

2019년 6월

용봉골에서

세계한상문화연구단 전 단장 임채완

| 추천사 |

오늘날 국제사회는 과학기술과 정보통신의 비약적인 발전으로 국경을 초월하는 초국가시대가 되었으며, 이주의 일상화가 이루어지면서 디아스포라의 역할이 매우 중요해지고 있다. 이러한 시대적 흐름에 따라 세계 각국은 국가경쟁력 강화와 국력의 외연 확장을 위해 소중한 인적자원으로서 디아스포라에 대한 정책적 지원을 아끼지 않고 있다. 우리 정부는 세계 180여 국가에 살고 있는 720만 재외동포의 중요성을 인지하고 재외동포재단을 중심으로 재외동포가 민족적 유대감을 유지하면서 거주국에서 모범적인 구성원으로 정착할 수 있도록 물심양면으로 지원하고 있다. 최근에는 교육부와 협력하여 국내 초 · 중 · 고등학교 교과서에 모범적인 재외동포 인물과 단체를 수록하고 있으며, 교과과정 개편에 재외동포의 삶과 역동성을 교육할 수 있는 콘텐츠를 개발하는 데 힘쓰고 있다.

전남대학교 세계한상문화연구단은 재외동포 및 글로벌 디아스포라 연구의 선도자로서, 2010년에 "민족분산과 지구적 소통으로서의 디아스포라 연구"라는 주제로 한국연구재단의 「대학 중점 연구소 지원사업」에 선정되어 총 3단계 9년에 걸쳐 디아스포라 관련 연구를 수행하고 있다. 특히 이 연구사업은 한국, 중국, 일본 등 동북아 3국의 디아스포라를 대상으로 진행하고 있어 우리의 한민족 디아스포라를 화교, 일계인 등 이웃국가의 디아스포라와 비교·분석하여 귀중한 시사점을 얻을 수 있다는 데 의의가 있으며, 디아스포라 관련 연구의 외연을 확장한다는 측면에서 학술적 의의가 매우 높다고 평가된다.

전남대학교 세계한상문화연구단이 수행하고 있는 중점연구의 각 단계별 연구주제를 보면, 1단계- "동북아시아 민족분산과 문화영토", 2단계 - "동북아시아 디아스포라의 초국가적 성격", 3단계 - "디아스포라 공동체와 지구적 소통"이다. 이번에 발간되는 3권의 총서는 2단계 2차년도의 연구주제인 "해외 한인, 화인, 일계인의 다중정체성과 초국가성"에 관한 연구결과를 집약한 것으로 『코리안 디아스포라의 다중정체성과 모국관계』, 『화인 디아스포라의 다중정체성과 모국관계』, 『일계인 디아스포라의 초국가성과 다중정체성』 등으로 구성되어 있다.

이 총서는 근 · 현대 동북아시아 3국의 디아스포라가 모국을 떠나 정치, 경제, 사회문화적 환경이 다른 새로운 정착지에서 의식주 생활과 지역사회 생활에 대해 살펴보고 있으며, 새로운 환경에 적응하는 과정에서 형성되는 정체성은 어떠한 모습을 보이는지, 모국과의 관계는 어떻게 이루어지고 있는지에 대해 현지조사를 통해 상세히 기술하고 있다. 특히 이 총서는 동북아시아 3국의 디아스포라의 정체성과 모국관계에 대한 다양한 사례를 볼 수 있어 디아스포라 연구의 기반을 다지고 학문 영역을 확장시키는 데 기여할 것으로 사료된다.

이와 더불어 우리 사회가 다인종 · 다문화사회로 진입하면서 선주민과 이주민 간 사회통합에 관한 정책적 관심이 높아지고 있어 이에 대한 많은 시사점을 제공할 것으로 생각된다. 우리 사회에는 외국인 이주노동자, 국제결혼이주자, 외국국적동포, 북한이탈주민, 유학생 등 약 200여만 명이 넘는 다양한 유형의 이주민들이 살아가고 있다. 물론 이주민이 경제발전에 기여하고 있다는 긍정적 시각이 있지만, 여전히 우리사회는 이주민에 대한 편견이나 차별 의식이 팽배해 있는 것도 사실이다. 특히 제주 예멘 난민 사태를 경험하면서 외국인을 경계하는 시선이 높아지고 있는 추세이다. 그러나 현실적으로 외국이주민은 우리 사회의 한 구성원으로 살아가고 있기에 한국생활에 안정적으로 적응하기 위한 사회적 배려와 관심이 중요하다고 본다. 이러한 맥락에서 이번에 발간된 총서는 우리 안의 디아스포라에 대한 사회적 인식을 개선하고 사회통합의 바람직한 방안을 모색하는 데 매우 유용한 정보를 제공할 것으로 생각된다.

끝으로 그동안 총서 발간을 위해 노력하신 임채완 단장과 공동연구원, 연구교수, 그리고 연구보조원들에 축하를 보내며, 이 연구 총서가 재외동포, 외국인 이주노동자, 결혼이주여성, 북한이탈주민 등 이주민 관련 정부기관 및 유관단체의 정책적 지원 방안 수립과 대학 및 연구기관 전문 연구자들의 학문적 탐구에 유익한 자료로 활용되기를 기대한다.

2019년 6월

재외동포재단 이사장 한우성

| 서 문 |

전남대학교 세계한상문화연구단은 글로벌 디아스포라 연구의 전문연구기관으로써 2010년 한국연구재단 대학중점연구소지원사업에 선정되어 "민족분산과 지구적 소통으로서 디아스포라 연구" 주제로 총 3단계 9년에 걸쳐 연구 프로젝트를 수행하고 있다. 제2단계에서는 "동북아시아 디아스포라의 초국가적 성격" 이라는 주제로 연구를 수행했으며, 이 총서는 제2단계 2차년도 연구주제인 "해외한인의 다중정체성과 모국관계"를 학문적으로 규명하는 데 초점을 두고 있다.

디아스포라는 정보통신기술의 발달과 세계화의 확산으로 국경을 자유롭게 넘나드는 초국적 행위자로 주목받고 있다. 디아스포라는 새로운 거주국사회에 안정적인 정착을 시도하면서 모국에 대한 집합적 기억을 간직하고 모국과의 관계를 유지, 강화하는 활동을 한다. 이를 통해 디아스포라는 거주국의 문화뿐 아니라 모국의 문화를 보존하고 발전시키면서 민족적 정체성을 유지하게 된다. 이러한 맥락에서 이 총서는 코리안 디아스포라들이 거주국의 정책과 환경이 상이하지만, 다양한 경로를 통해 모국과의 교류와 소통을 이루어나가고 있다는 점에 주목하여 그들의 정체성과 모국 연계 활동이 어떻게 나타나는지 살펴보는 데 목적이 있다.

이러한 연구목표를 달성하기 위해 우리는 중국 길림성 연변조선족자치주에 거주하고 있는 조선족, 일본 오사카에 거주하고 있는 재일한인, 중앙아시아 카자흐스탄에 거주하고 있는 고려인을 연구대상으로 선정하였다. 연구방법은 문헌연구를 비롯하여 설문조사와 인터뷰조사를 실시했으며, 현지조사를 통해 수집한 사진, 도서 등 기초자료를 활용하였다.

이 총서에서 다루고자 하는 연구내용은 크게 세 가지이다. 첫째, 중국, 일본, 카자흐스탄에 정착하고 있는 코리안 디아스포라의 의식주 생활의 실태를 분석하고, 지역사회 생활의 만족도를 살펴보았다. 둘째, 중국, 일본, 카자흐스탄에 정착하고 있는 코리안 디아스포라의 축제에 대한 인식과 정체성의 특성을 살펴보았다. 디아스포라는 거주국에서 구성원과의 새로운 관계를 형성하면서 자신들의 고향인 모국과의 교류 및 연계 활동을 하면서 다중적 정체성을 가지게 된다. 셋째, 중국, 일본, 카자흐스탄에 정착하고 있는 코리안 디아스포라와 모국과의 연계 활동에 대해 살펴보았다.

이 총서의 2장에서 5장까지의 내용들은 연구자들이 전문학술지에 게재한 논문들과 학술회의 발표논문을 기본으로 삼아 일부를 보완하여 삽입하였다. 이 총서에서 활용하고 있는 연구자들의 논문은 다음과 같다. 선봉규의 "중국 연변조선족의 한국 연계 활동과 정체성에 관한 연구" 『한국동북아논총』 78호(2016), "한국의 대 중국 통일공공외교에 대한 연변조선족의 인식 연구" 『평화학연구』 제17권 5호(2016), "한국에서 외국인 집거지의 형성과 공간적 특성에 관한 연구: 광주광역시 고려인마을을 중심으로" 『한국동북아논총』 83호(2017), "카자흐스탄 고려인의 모국 연계와 정체성 조사 연구" 한국정치학회 연례학술회의(2016), "일본 오사카 한인디아스포라의 모국관계에 관한 연구" 동북아시아문화학회 국제학술회의(2017), 선봉규·배준환의 "코리안 디아스포라의 정체성에 관한 비교 연구: 중국조선족, 재일한인, 카자흐스탄 고려인 사례" 『인문사회21』 제9권 1호(2018) 등이다.

이 총서는 중국, 일본, 카자흐스탄에 거주하고 있는 코리안 디아스포라의 일상생활과 정체성의 특성, 모국과의 연계활동을 중점적으로 살펴보고 있다는 점에서 정부의 재외동포 지원 정책 수립 및 재외동포사회와 교류활동을 활성화하는 데 기초 자료로 활용될 수 있을 것으로 기대한다. 아울러 우리사회에 정착하여 살아가고 있는 다양한 이주민들의 문화와 정체성을 연구하는 데 시사하는 바가 클 것으로 생각된다.

이 총서는 기본적으로 중국과 일본, 카자흐스탄 현지에서 수집된 자료들을 토대로 하고 있기 때문에 바쁜 일상생활 속에서도 설문조사와 인터뷰, 참여관찰을 할 수 있도록 배려해 준 동포들에게 깊은 감사를 표한다. 아울러 현지조사와 자료수집 과정에서 많은 도움을 주신 현지 협력자 및 협력기관 관계자들에게도 깊은 감사의 뜻을 전한다. 마지막으로 어려운 출판 사정에도 불구하고 이 총서가 나오는 데 협력해 준 북코리아 이찬규 사장님과 편집부 여러분께도 진심으로 감사드린다.

2019년 6월

저자 대표 선봉규

| 차 례 |

III 중국 연변조선족의 다중정체성과 모국 연계 활동 / 59

IV 재일한인의 다중정체성과 모국 연계 활동 / 115

표 차례

사진 차례

I

머리말

1. 연구배경 및 목적

전 세계 180여 개 국가에 이주, 정착하여 살아가고 있는 코리안 디아스포라는 19세기 중반 이후부터 모국인 한반도의 인접 지역을 시작으로 이주하여 오늘날까지 이르고 있다. 코리안 디아스포라는 주로 중국, 일본을 포함한 동북아지역과 미국, 그리고 러시아 및 중앙아시아지역에 집중 거주하고 있다. 최근에는 동남아시아, 유럽, 호주, 중동 및 아프리카 등에도 점차 확산되고 있는 추세이다. 이와 같이 코리안 디아스포라는 전 세계에 걸쳐서 새로운 삶의 터전을 개척하는 등 국경을 자유롭게 넘나드는 초국적 집단으로 성장하고 있다.

일반적으로 디아스포라는 모국에 대한 집합적 기억을 간직하고 있으면서 모국과의 관계를 유지하고 강화하는 활동을 한다. 이를 통해 디아스포라는 거주국의 문화뿐 아니라 모국의 문화를 보존하고 발전시키면서 민족적 정체성을 유지하게 된다. 코리안 디아스포라도 예외는 아니다. 코리안 디아스포라들이 정착한 지역마다 거주국의 정책과 환경이 상이하지만, 다양한 경로를 통해 모국과의 교류와 소통을 이루어나가고 있다.

중국조선족이 거주하고 있는 중국은 주류민족인 한족을 포함하여 56개 민족으로 구성된 다민족국가이면서 국가 간의 경계지역에 거주하는 과계민족이 36개 소수민족이 있다. 이러한 민족구성은 중국정부의 소수민족정책에 큰 영향을 미치고 있다. 즉, 중국은 소수민족이 집중 거주하고 있는 특정지역에 한정하여 민족자치정책을 실시하고 있다. 소수민족의 자치정책은 소수민족이 해당 집거지역에서 자신들의 고유한 전통 문화예술을 향유, 계승, 발전시키는 원동력이 되고 있다. 1992년 한-중 수교 이후, 중국조선족은 한국이라는 또 다른 모국에 대한 인식을 통해 다양한 차원의 연계 활동을 전개해가고 있다. 특히 2000년대 중반 이후부터 한국정부가 방문취업제도를 도입하면서 본격적으로 귀환이주하여 정착하고 있다.

일본에 살고 있는 재일한인은 코리안 디아스포라 중에서도 가장 '경계인'의 성격을 띠고 있다고 할 수 있다. 일본 제국주의의 식민통치에 따른 지배와 피지배의 관계가 식민지 해방 이후에도 그대로 반영되고 있으며, 한-일간의 정치외교적 갈등으로부터 민감하게 반응할 수밖에 없는 위치를 가지고 있다. 특히 모국인 한반도가 분단되면서 남북 간의 체제경쟁 및 대결의 정치가 재일한인들에게 직접적인 영향을 미치고 있다.

현재 독립국가연합(CIS, Commonwealth of Independent States)에 거주하고 있는 고려인은 약 50여만 명에 이르고 있는데, 이중 우즈베키스탄에 182,957명, 카자흐스탄에 105,400명 등 이 두 국가에 집중 거주하고 있다. 이들은 1937년 소련의 강제이주정책으로 러시아 연해주지역에서 중앙아시아지역으로 정착하게 되었으며, 특히 소련의 민족주의 정책으로 코리안 디아스포라 중 민족어를 사용하는 데 많은 어려움을 겪었다. 1989년 동유럽 사회주의체제의 붕괴와 1991년 소련의 해체, 중앙아시아 각국의 민족주의 부활로 고려인들은 또 다른 시련에 직면해 있으며, 각 국가들은 사회주의체제에서 자본주의체제로의 전환기에 놓여 있다.

이 책에서는 중국, 일본, 카자흐스탄에 거주하고 있는 코리안 디아스포라들이 거주국의 정치, 경제, 사회문화적 환경에 따라 서로 다른 삶의 궤적을 보여주고 있다는 데 주목하여 이들의 삶과 정체성, 모국과 관계 등을 살펴보고자 한다. 구체적으로, 이 책에서는 중국조선족, 재일한인, 카자흐스탄 고려인들의 의식주생활은 어떠한지, 자신들의 축제활동에 대한 인식이 어떠한지에 대해 살펴본다. 또한 거주국의 정치, 경제, 사회문화적 환경에 적응, 정착하는 과정에서 정체성은 어떻게 나타나고 있는지, 모국에 대한 인식 및 연계활동은 어떠한지에 대해 살펴보고자 한다. 구체적인 연구 내용은 아래와 같다.

첫째, 중국, 일본, 카자흐스탄에 정착하고 있는 코리안 디아스포라의 의식주 생활, 지역사회 생활 실태를 분석한다. 디아스포라들은 거주국에서 새로운 삶을 개척한 소수 이주민으로서 문화적 배경이 다른 사회에 새롭게 적응해야 하는 과제에 직면하게 된다. 따라서 그들의 의식주 등 일상생활은 전통 문화를 유지하는 동시에 거주국의 문화에 적응하는 새로운 양상을 나타내게 된다. 이 책에서는 중국의 연변조선족, 일본 오사카 재일한인, 카자흐스탄 고려인의 의식주 생활의 실태를 분석하고, 이들의 지역사회 생활의 만족도를 살펴보고자 한다.

둘째, 중국, 일본, 카자흐스탄에 정착하고 있는 코리안 디아스포라의 축제에 대한 인식과 정체성의 특성을 살펴보고자 한다. 디아스포라는 거주국에서 구성원과의 새로운 관계를 형성하면서 자신들의 고향인 모국과의 교류 및 연계 활동을 하면서 다중적 정체성을 가지게 된다.[1] 이 책에서는 중국의 연변조선족, 일본 오사카 재일한인, 카자흐스탄 고려인의 정체성의 특성을 살펴보고자 한다.

셋째, 중국, 일본, 카자흐스탄에 정착하고 있는 코리안 디아스포라와 모국과의 연계 활동에 대해 살펴보고자 한다. 디아스포라는 국경을 자유롭게 넘나드는 초국적 집단으로써, 다양한 경로를 통해 모국과의 연계 활동을 전개하고 있다. 이 책에서는 중국의 연변조선족, 일본 오사카 재일한인, 카자흐스탄 고려인의 모국 연계 활동이 어떻게 이루어지고 있는지 살펴보고자 한다.

---

1 김혜련 · 여병창(2012), "한국화교의 디아스포라적 다중정체성 고찰", 『국제언어문학』 제25호, p.57.

2. 연구대상 및 방법

1) 연구대상

이 책에서 다루고자 하는 연구대상은 중국 길림성 연변조선족자치주에 거주하고 있는 조선족, 일본의 오사카에 거주하고 있는 재일한인, CIS지역 중 카자흐스탄에 거주하고 있는 고려인들이다.

표 1.1 주요 연구대상

구분	연구 대상
중국 조선족	■ 길림성 연변조선족자치주 ■ 조선족의 의식주 생활, 지역생활실태, 축제에 대한 인식 조선족의 정체성, 한국과의 관계 및 활동
재일한인	■ 오사카 이쿠노쿠 ■ 재일한인의 의식주 생활, 지역생활실태, 축제에 대한 인식 재일한인의 정체성, 한국과의 관계 및 활동
카자흐스탄 고려인	■ 알마티, 크질오르다, 우슈토베 등 ■ 고려인의 의식주 생활, 지역생활실태, 축제에 대한 인식 고려인의 정체성, 한국과의 관계 및 활동

특히 이 책에서는 중국조선족과 재일한인, 카자흐스탄 고려인의 현지사회에서 의식주 생활 실태, 지역생활 실태, 축제 활동, 정체성, 그리고 한국과의 관계 및 주요 활동 등을 살펴보기 위해 설문조사를 실시했다. 설문조사 대상자의 일반적 특성을 살펴보면 아래와 같다.

(1) 중국 연변조선족

중국조선족은 2010년 인구 통계자료에 따르면 183만 929명으로 2000년 (192만 3,842명) 대비 4.8%가 줄었으며, 이들은 주로 동북 3성 지역을 중심으로 거주하고 있다.[2] 특히 동북 3성 지역은 2000년 이후 인구 감소 현상이 지속되고 있으며, 중국의 연해 도시 및 대도시인 베이징, 칭다오, 상하이 지역은 점차 증가하고 있다. 최근에는 한국을 포함하여 일본, 미국, 영국 등 해외 지역으로 경제활동을 위해 이주하고 있다. 이 연구의 조사대상은 중국 길림성 연변조선족자치주에서 출생하고, 현재 연길시, 도문시, 훈춘시, 화룡시, 왕청현, 안도현 등에 거주하는 조선족이다. 설문조사 대상자의 인구사회학적 특성을 살펴보면 〈표 1.2〉와 같다.

표 1.2 설문조사 대상자의 일반적 특성

(N=263)

구분	내용	빈도(명)	비율(%)	구분	내용	빈도(명)	비율(%)
성별	남성	127	48.3	배우자 민족	조선족	205	77.9
	여성	136	51.7		한족	7	2.7
연령	20대	64	24.3		기타	4	1.5
	30대	39	14.8		무응답	47	17.9
	40대	54	20.5	중국어 수준	매우 못함	10	3.8
	50대	30	11.4		조금 못함	18	6.8
	60대	44	16.7		보통	106	40.3
	70대 이상	32	12.2		조금 잘함	86	32.7
교육 수준	초등 졸업	18	6.8		매우 잘함	42	16.0
	중등 졸업	38	14.4		무응답	1	0.4
	고등 졸업	72	27.4	조선어 수준	매우 못함	4	1.5
	2년제 대학 졸업	31	11.8		조금 못함	4	1.5
	4년제 대학 졸업	78	29.7		보통	47	17.9
	대학원 졸업	14	5.3		조금 잘함	62	23.6
	기타	9	3.4		매우 잘함	130	49.4
	무응답	3	1.1		무응답	16	6.1

2 『흑룡강신문』, 2014. 02. 19.

구분	내용	빈도(명)	비율(%)	구분	내용	빈도(명)	비율(%)
직업	전문직	24	9.1	연소득	5만 위안 미만	145	55.1
	일반 전문직	59	22.4		5만 위안 이상 - 10만 위안 미만	59	22.4
	공무원	30	11.4				
	사무직	14	5.3		10만 위안 이상 - 15만 위안 미만	33	12.5
	판매직	16	6.1		15만 위안 이상	13	4.9
	서비스직	15	5.7		무응답	13	4.9
	생산직	14	5.3	결혼 여부	기혼	146	55.5
	농·축산·수산업 등	15	5.7		미혼	75	28.5
	가정주부	17	6.5		이혼	19	7.2
	대학생	32	12.2		사별	15	5.7
	기업 CEO	4	1.5		기타	6	2.3
	기타	16	6.1		무응답	2	0.8
	무응답	7	2.7	합계		263	100.0

전체 응답자 263명 중에서 남성은 127명으로 48.3%, 여성은 136명으로 51.7%를 차지한다. 연령은 20대가 64명으로 24.3%를 차지하며, 30대가 39명으로 14.8%, 40대가 54명으로 20.5%, 50대가 30명으로 11.4%, 60대가 44명으로 16.7%, 70대 이상이 32명으로 12.2%를 차지했다. 학력은 초등학교 졸업이 18명으로 6.8%, 중학교 졸업이 38명으로 14.4%, 고등학교 졸업이 72명으로 27.4%, 2년제 대학 졸업이 31명으로 11.8%, 4년제 대학 졸업이 78명으로 29.7%, 대학원 졸업이 14명으로 5.3%, 기타 9명으로 3.4%, 무응답이 3명으로 1.1%이다. 직업은 전문관리직이 24명으로 9.1%, 일반전문직이 59명으로 22.4%, 공무원이 30명으로 11.4%, 사무직이 14명으로 5.3%, 판매직이 16명으로 6.1%, 서비스직이 15명으로 5.7%, 생산직이 14명으로 5.3%, 농업이 15명으로 5.7%, 가정주부가 17명으로 6.5%, 대학생이 32명으로 12.2%, 기업 CEO가 4명으로 1.5%, 기타가 16명으로 6.1%, 무응답이 7명

으로 2.7%이다. 배우자 민족은 조선족이 205명으로 77.9%, 한족이 7명으로 2.7%, 기타가 4명으로 1.5%, 무응답이 47명으로 17.9%이다. 중국어 구사수준은 매우 못함이 10명으로 3.8%, 조금 못함이 18명으로 6.8%, 보통이 106명으로 40.3%, 조금 잘함이 86명으로 32.7%, 매우 잘함이 42명으로 16.0%, 무응답이 1명으로 0.4%이다. 조선어 구사수준은 매우 못함이 4명으로 1.5%, 조금 못함이 4명으로 1.5%, 보통이 47명으로 17.9%, 조금 잘함이 62명으로 23.6%, 매우 잘함이 130명으로 49.4%, 무응답이 16명으로 6.1%이다. 연소득은 5만 위안 미만이 145명으로 55.1%, 5만 위안 이상-10만 위안 미만이 59명으로 22.4%, 10만 위안 이상-15만 위안 미만이 33명으로 12.5%, 15만 위안 이상이 13명으로 4.9%, 무응답이 13명으로 4.9%이다. 혼인상태는 기혼이 146명으로 55.5%, 미혼이 75명으로 28.5%, 이혼이 19명으로 7.2%, 사별이 15명으로 5.7%, 기타 6명이 2.3%, 무응답이 2명으로 0.8%이다.

(2) 오사카 재일한인

일본에서 생활하고 있는 코리안 디아스포라는 2017년 9월 현재, 818,626명으로 나타났다.[3] 이중 귀화자는 365,530명이다.[4] 일본의 지역별 거주 현황을 보면, 오사카지역이 139,013명으로 가장 많으며, 도쿄지역이 130,946명, 고베지역이 48,337명, 나고야지역이 41,692명, 요코하마지역이 34,452명, 후쿠오카지역이 22,735명, 히로시마지역이 15,624명, 센다이지역이 8,498명, 니가타지역이 7,586명, 삿포로지역이 4,213명이다.[5]

이 연구에서는 일본 오사카시에 거주하고 있는 코리안 디아스포라들을 대상으로 하고 있다. 특히 오사카시 이쿠노쿠는 제주도 출신의 한인들이 집중 거주하고 있다는 점이 특징적이다. 2016년 현재, 오사카시 이쿠노쿠의

---

3 외교부(2017), 『2017 재외동포현황』, p.15.

4 귀화자 수는 일본 법무성의 '1952-2016년간 귀화 허가자수' 통계(조선적 포함) 자료이다.

5 각 지역별 한인 수는 귀화자 수를 제외한 것이다.

인구는 약 13만여 명이다. 이중 외국 국적자는 약 2만 5천여 명이며, 한반도 출신 사람들은 약 2만여 명에 이르고 있다.[6] 설문조사 대상자의 일반적 특성을 살펴보면 〈표 1.3〉과 같다.

표 1.3 설문조사 대상자의 일반적 특성[7]

(N=121)

특성		빈도 (명)	비율 (%)
성별	남성	44	36.4
	여성	75	62.0
연령	10대	2	1.7
	20대	19	16.1
	30대	27	22.9
	40대	13	11.0
	50대	24	20.3
	60대	25	21.2
	70대 이상	8	6.8
학력	초등	2	1.8
	중등	5	4.4
	고등	47	41.2
	전문대학	7	6.1
	4년제대학	7	6.1
	대학원	37	32.5
	무학	9	7.9

특성		빈도 (명)	비율 (%)
법적지위	국적취득자	14	12.8
	영주자	85	78.0
	정주자	2	1.8
	기타	8	7.3
세대	1세	5	4.3
	1.5세	36	30.8
	2세	70	59.8
	3세	2	1.7
	기타	4	3.4
혼인 상태	혼인	54	49.1
	미혼	38	34.5
	이혼	10	9.1
	사별	7	6.4
	기타	1	0.9

---

6 오광현(2017), 「오사카시 이쿠노구 지역에서의 재일(자이니치) 한국인의 사회 참여 - 복지 · 마을 만들기의 관점에서」, 『재외동포재단 창립 20주년 기념 2017 세계한인학술대회 자료집』, p.161.

7 항목별 결측은 성별 2명, 나이 3명, 학력 7명, 직업 14명, 국적 4명, 법적지위 4명, 혼인상태 11명, 연소득 18명 등이다.

특성		빈도(명)	비율(%)
직업	전문관리직	42	39.3
	공무원	3	2.8
	사무직	12	11.2
	판매직	3	2.8
	서비스직	9	8.4
	생산직	7	6.5
	농업	22	20.6
	대학생	5	4.7
	기업CEO	3	2.8
	기타	1	0.9
국적	한국	94	80.3
	일본	19	16.2
	조선적	4	3.4
	기타	0	0.0

특성		빈도(명)	비율(%)
배우자의 민족	한국	55	69.6
	일본	20	25.3
	조선적	3	3.8
	기타	1	1.3
연소득	200만 엔 미만	40	38.8
	200만 엔 이상-300만 엔 미만	25	24.3
	300만 엔 이상-400만 엔 미만	12	11.7
	400만 엔 이상-500만 엔 미만	8	7.8
	500만 엔 이상-600만 엔 미만	10	9.7
	600만 엔 이상	8	7.8

전체 응답자 121명 중에서 남성은 44명으로 36.4%, 여성은 75명으로 62.0%를 차지한다. 연령은 10대가 2명으로 1.7%, 20대가 19명으로 16.1%를 차지하며, 30대가 27명으로 22.9%, 40대가 13명으로 11.0%, 50대가 24명으로 20.3%, 60대가 25명으로 21.20%, 70대 이상이 8명으로 6.8%를 차지했다. 학력은 초등학교 졸업이 2명으로 1.8%, 중학교 졸업이 5명으로 4.4%, 고등학교 졸업이 47명으로 41.2%, 전문대학 졸업이 7명으로 6.1%, 4년제 대학 졸업이 7명으로 6.1%, 대학원 졸업이 37명으로 32.5%이다. 무학은 9명으로 7.9%이다. 직업은 전문관리직이 42명으로 39.3%, 공무원이 3명으로 2.8%, 사무직이 12명으로 11.2%, 판매직이 3명으로 2.8%, 서비스직이 9명으로 8.4%, 생산직이 7명으로 6.5%, 가정주부 22명으로 20.6%, 대학생이

5명으로 4.7%, 기업CEO가 3명으로 2.8%, 기타가 1명으로 0.9%이다. 국적은 한국이 94명으로 80.3%, 일본이 19명으로 16.2%, 조선적이 4명으로 3.4%이다. 법적지위는 일본 국적 취득자가 14명으로 12.8%, 영주자 85명으로 78.0%, 정주자 2명으로 1.8%, 기타 8명으로 7.3%이다. 세대는 1세가 5명으로 4.3%, 1.5세가 36명으로 30.8%, 2세가 70명으로 59.8%, 3세가 2명으로 1.7%이다. 혼인여부는 결혼이 54명으로 49.1%, 미혼이 38명으로 34.5%, 이혼이 10명으로 9.1%, 사별이 7명으로 6.4%이다. 배우자의 민족은 한국이 55명으로 69.6%, 일본이 20명으로 25.3%, 조선적이 3명으로 3.3%이다. 연소득은 200만엔 미만이 40명으로 38.8%, 200만엔 이상~3000만엔 미만이 25명으로 24.3%, 300만엔 이상~400만엔 미만이 12명으로 11.7%, 400만엔 이상~500만엔 미만이 8명으로 7.8%, 500만엔 이상~600만엔 미만이 10명으로 9.7%, 600만엔 이상이 8명으로 7.8%이다.

(3) 카자흐스탄 고려인

카자흐스탄 고려인은 2015년 현재 105,400명이다. 이중 남성은 47,418명, 여성은 57,982명이다. 지역별 거주 현황을 보면, 알마티에 43,700명, 카라간다에 13,349명, 잠불에 9,638명, 크즐오르다에 8,226명, 침켄트에 6,349명, 아스타나에 5,533명, 악토베에 1,474명, 기타지역에 17,131명이다.[8] 이 연구의 조사대상은 현재 카자흐스탄에 거주하고 있는 고려인이다. 설문조사 대상자의 인구사회학적 특성을 살펴보면 〈표 1.4〉와 같다.

전체 응답자 168명 중에서 남성은 70명으로 41.7%, 여성은 98명으로 58.3%를 차지한다. 연령은 20대가 28명으로 16.7%를 차지하며, 30대가 38명으로 22.6%, 40대가 35명으로 20.8%, 50대가 21명으로 12.5%, 60대가 37명으로 22.0%, 70대 이상이 9명으로 5.4%를 차지했다. 학력은 초등학교 졸

8 카자흐스탄에 거주하고 있는 재외국민은 2,213명이다. 외교부(2015), 『2015 재외동포현황』, pp.236-237.

업이 1명으로 0.6%, 중학교 졸업이 7명으로 4.2%, 고등학교 졸업이 21명으로 12.5%, 3년제 대학 졸업이 21명으로 12.5%, 4년제 대학 졸업이 108명으로 64.3%, 대학원 졸업이 10명으로 6.0%이다. 직업은 전문직이 16명으로 9.5%, 일반전문직이 9명으로 5.4%, 공무원이 8명으로 4.8%, 사무직이 19명으로 18.5%, 판매직이 9명으로 5.4%, 서비스직이 31명으로 18.5%, 생산직이 6명으로 3.6%, 농업이 1명으로 0.6%, 가정주부가 23명으로 13.7%, 대학생이 11명으로 6.5%, 기업CEO가 9명으로 5.4%, 기타가 26명으로 15.5%이다. 고려말 구사수준은 매우 못함이 53명으로 31.5%, 조금 못함이 69명으로 41.1%, 보통이 25명으로 14.9%, 조금 잘함이 14명으로 8.3%, 매우 잘함이 5명으로 3.0%, 무응답이 2명으로 1.2%이다. 러시아어 구사 수준은 조금 못함이 1명으로 0.6%, 조금 잘함이 37명으로 37%, 매우 잘함이 128명으로 76.2%, 무응답이 2명으로 1.2%이다. 카자흐어 구사수준은 매우 못함이 57명으로 33.9%, 조금 못함이 75명으로 44.6%, 보통이 20명으로 11.9%, 조금 잘함이 13명으로 7.7%, 매우 잘함이 2명으로 1.2%, 무응답이 1명으로 0.6%이다. 연소득은 4천 달러 미만이 69명으로 41.1%, 4천 달러 이상~7천 달러 미만이 32명으로 19.0%, 7천 달러 이상이 50명으로 29.8%, 무응답이 17명으로 10.1%이다. 결혼 여부는 기혼이 115명으로 68.5%, 미혼이 25명으로 14.9%, 이혼이 15명으로 8.9%, 사별이 11명으로 6.5%, 기타 1명이 0.6%, 무응답이 1명으로 0.6%이다. 배우자 민족은 고려인이 130명으로 77.4%, 러시아인이 10명으로 6.0%, 카자흐인이 2명으로 1.2%, 기타가 4명으로 2.4%, 무응답이 22명으로 13.1%이다.

표 1.4 설문조사 대상자의 일반적 특성

(N=168)

구분	내용	빈도	비율
성별	남성	70	41.7
	여성	98	58.3
연령	20대	28	16.7
	30대	38	22.6
	40대	35	20.8
	50대	21	12.5
	60대	37	22.0
	70대 이상	9	5.4
교육 수준	초등졸업	1	0.6
	중등졸업	7	4.2
	고등졸업	21	12.5
	3년제대학졸업	21	12.5
	4년제대학졸업	108	64.3
	대학원	10	6.0
직업	전문직	16	9.5
	일반 전문직	9	5.4
	공무원	8	4.8
	사무직	19	11.3
	판매직	9	5.4
	서비스직	31	18.5
	생산직	6	3.6
	농업 등	1	0.6
	가정주부	23	13.7
	대학생	11	6.5
	기업 CEO	9	5.4
	기타	26	15.5

구분	내용	빈도	비율
고려말 수준	매우 못함	53	31.5
	조금 못함	69	41.1
	보통	25	14.9
	조금 잘함	14	8.3
	매우 잘함	5	3.0
	무응답	2	1.2
러시아 어수준	조금 못함	1	0.6
	조금 잘함	37	22.0
	매우 잘함	128	76.2
	무응답	2	1.2
카자흐 어수준	매우 못함	57	33.9
	조금 못함	75	44.6
	보통	20	11.9
	조금 잘함	13	7.7
	매우 잘함	2	1.2
	무응답	1	0.6
연소득	4,000$ 미만	69	41.1
	7,000$ 미만	32	19.0
	7,000$ 이상	50	29.8
	무응답	17	10.1
결혼 여부	기혼	115	68.5
	미혼	25	14.9
	이혼	15	8.9
	사별	11	6.5
	기타	1	0.6
	무응답	1	0.6
배우자 민족	고려인	130	77.4
	카자흐인	2	1.2
	러시아인	10	6.0
	기타	4	2.4
	무응답	22	13.1

2) 연구방법

이 책의 연구목적을 달성하기 위해 활용된 연구방법을 제시하면 다음과 같다.

첫째, 문헌연구이다. 문헌연구는 문서자료의 내용을 체계적이고 정밀하게 분석하여 관심 영역의 사회현상에 대한 통찰을 얻고, 그에 관한 이론 검토, 가설검증, 결론을 내리고자 하는 연구방법이다. 중국조선족, 재일한인, 카자흐스탄 고려인을 대상으로 연구주제와 관련된 도서, 논문, 사진 등을 수집, 정리하여 활용하고자 한다.

둘째, 설문조사연구이다. 설문조사 내용은 중국조선족, 재일한인, 카자흐스탄 고려인의 인구사회학적 특성, 의식주생활, 지역사회 생활 실태, 축제, 다중정체성, 모국과의 연계 등으로 구성된다. 설문지는 중국조선족은 한국어, 오사카 재일한인은 일본어, 카자흐스탄 고려인은 러시아어로 번역하여 사용하였다. 중국조선족 설문조사는 연구자가 그동안 네트워크를 구축해 온 연변대학의 협력자의 도움을 받아 설문조사를 실시했다. 설문조사는 2015년 2월 1일부터 3월 25일까지 진행되었으며, 총 264부의 설문지를 회수하였다. 재일한인 설문조사는 연구자가 그동안 현지조사 등을 통해 네트워크를 구축해 온 오사카 이쿠노쿠에서 NPO 활동을 하고 있는 현지 협력자의 도움을 받아 설문조사를 실시했다. 설문조사는 2015년 3월 25일부터 6월 20일까지 진행되었으며, 총 121부의 설문지를 회수했다. 카자흐스탄 고려인 설문조사는 연구자가 그동안 현지조사 등을 통해 네트워크를 구축해 온 알마티의 현지 협력자의 도움을 받아 설문조사를 실시했다. 설문조사는 2015년 4월 20일부터 6월 30일까지 진행되었으며, 총 169부의 설문지를 회수했다.

설문지의 분석은 SPSS Statistics 20.0을 이용하여 빈도분석과 평균분석, 성별 교차분석 등을 실시하였다.

3. 책의 구성

이 책은 중국 연변조선족, 오사카 재일한인, 카자흐스탄 고려인의 다중 정체성과 모국과의 연계 활동을 규명하기 위해 설문조사를 중심으로 그들의 의식주 생활, 지역사회 생활환경, 축제, 정체성, 모국과의 연계 활동 등을 체계적으로 살펴보는 데 있다. 이 책은 총 여섯 개의 장으로 구성되어 있다.

제1장 머리말에서는 이 책의 연구배경과 목적, 연구대상 및 연구방법에 대해 상세히 기술하였다.

제2장 이론적 배경에서는 코리안 디아스포라의 정체성과 모국 연계에 관한 이론적 내용을 간략히 서술하였다.

제3장 중국 연변조선족의 의식주 생활, 지역사회 생활환경, 축제 현황 및 인식, 다중정체성, 모국에 대한 인식 및 연계 활동, 통일공공외교 인식 등을 중심으로 서술하였다.

제4장에서는 오사카 재일한인의 의식주 생활, 지역사회 생활환경, 축제 인식, 다중정체성, 모국에 대한 인식 및 연계 활동 등을 중심으로 서술하였다.

제5장에서는 카자흐스탄 고려인의 의식주 생활, 지역사회 생활환경, 축제 인식, 다중정체성, 모국에 대한 인식 및 연계 활동 등을 중심으로 서술하였다.

제6장에서는 설문조사 결과를 기반으로 중국 연변조선족, 일본 오사카 재일한인, 카자흐스탄 고려인의 의식주 생활, 지역사회 생활환경, 축제인식, 다중정체성, 모국 연계 등을 비교하여 서술하였다. 아울러 이 연구의 한계와 함께 향후 연구과제에 대해 간략히 제시하였다.

II

이론적 배경

1. 코리안 디아스포라와 정체성

정체성이란 한 인간에 대한 정의로써, “나는 누구인가?”, “나는 어디에 속하는가?” 같은 인간의 본질성에 관한 문제이다. 정체성은 라틴어 “identitas”에서 유래한 것으로 ‘전적으로 동일한 것’을 뜻하며, 동일성, 연속성, 소속감, 또는 일체감을 가리킨다.[1] 한 개인이 가지는 정체성은 그 개인만이 가지는 주관적 측면인 개인 정체성과 어떠한 집단과 관계에 따라 획득하게 되는 객관적 측면인 집단 정체성으로 구분된다. 한 개인이 생활하는데 혼자 살 수는 없으며, 인생의 다양한 단계에서 다른 개인들(individuals)과 접촉하게 된다. 따라서 ‘나(me)’가 있는 데에서 ‘그들(they)’이 항상 존재한다. 개인정체성은 한 개인이 자신을 어떠한 관점과 차원에서 정하느냐에 대한 것이며, 집단 정체성은 그 개인과 관계가 있는 집단에 대한 소속감, 일체감, 한 집단에 공통된 동일의식을 의미한다. 아래는 코리안 디아스포라의 정체성 연구의 현황을 간략히 정리하였다.

1) 중국조선족의 정체성 연구

조선족은 일제 식민지기 항일독립운동, 해방전쟁, 신중국 수립 과정에서 많은 공헌을 했기 때문에 중국정부로부터 1952년에 연변조선족자치구 지위를 획득했다.[2] 그 이후 조선족은 한반도의 이주민족이면서 소수민족임에도 불구하고, 집거지역에서 자치 권리를 행사하고, 고유한 민족문화의 유지와 민족교육을 실시하면서 민족적 정체성을 유지해왔다.[3] 이렇게 조선족은 중

---

1 임채완(2002), p.37.

2 연변조선족은 자치주 이외에 장백조선족자치현, 44개의 자치향을 설립했다. 박광성(2008), 『세계화시대 중국조선족의 초국적 이동과 사회변화』(파주: 한국학술정보), p.264.

3 조선족의 타민족 간 통혼율은 2000년 중국 인구센서스 자료에 따르면 8.0%밖에 되지 않은 것으로, 중국내 인구 백만 명 이상의 소수민족 중에서 가장 낮은 것으로 나타났다. 박광성(2008),

국의 소수민족정책에 순응하면서 민족의 정체성을 유지하는 동시에 국가정체성의 형성, 강화에 노력해왔다.[4] 이러한 사실은 연변조선족의 문화변용전략에서도 확인할 수 있다. 즉 연변조선족은 주류사회(한족)의 문화에 적극적으로 참여하고 관계를 형성하면서 동시에 민족 정체성의 유지, 즉 조선족의 고유한 전통 문화를 유지하고 계승하는데 적극적인 것으로 나타났다.[5] 이러한 논의는 중국조선족의 정체성은 이중적 정체성을 지니고 있다는 것으로 이해할 수 있다.

중국조선족의 온라인 커뮤니티인 조글로(zoglo)에서 북경 중앙민족대학 황유복과 연변조선족문화발전촉진위원회 조성일 간의 논쟁을 통해 조선족의 정체성에 대한 담론이 활성화되고 있다.[6] 황유복은 중국의 국민정체성을 강조한 '100% 조선족'을 주장하였으며, 조성일은 한반도의 이주민족을 강조한 '이중정체성'을 주장하였다. 연변대학 김호웅은 조선족이 중국 국민임에는 틀림없지만 한반도에서 이주한 소수민족으로서 종족적 특성을 가지고 있는 것으로 이해하고 있다.[7] 그리고 일본, 한국, 미국 등 해외에 집단거주지가 형성되면서 새로운 유형의 조선족 개념들이 등장하고 있다. 이러한 조선족의 위치는 한홍화가 적절히 지적하고 있듯이, 조선족의 두 정체성이 일대일의 비례로써 공존해 있거나 동등한 위치에 놓여 있는 것이 아니라 주변 환경의 변화에 따라 자신의 정체성을 수정, 재확립해가고 있다.[8]

---

p.267. 조선족의 민족통혼의 대상은 한족이 대부분이다. 연변조선족자치주의 주도인 연길시 조선족의 통혼 대상을 보면, 2006년부터 2010년까지 5년 동안 한족이 94.1%를 차지하고 있으며, 기타 민족은 5.9%에 불과한 것으로 나타났다. 강해순(2012), "중국 조선족 민족통혼 연구," 『가족법연구』26권 2호, p.269.

4 박광성(2008), p.267.

5 선봉규 · 김나경(2013), "중국 연변조선족의 문화변용전략 양상 연구: 연길시 거주 조선족을 대상으로," 『평화학연구』제14권 5호, p.289.

6 조글로 홈페이지(http://www.ckywf.com, 검색일: 2015년 10월 22일)

7 김호웅, "중국조선족과 디아스포라," 제13차 재외동포포럼, 한국방송통신대학교, 2010.2.18(http://koreancc.com/show.php?ctid=14DC75931242714A2808FB570CFA6B59&idx=14053, 검색일: 2016년 3월 5일)

8 한홍화(2010), "『바람꽃』을 통해 본 조선족 정체성의 변이양상: 주인공 의식의 변화과정을 중

최근 조선족의 정체성에 대한 논쟁은 크게 세 가지 변화에서 그 배경을 찾을 수 있다. 첫째, 중국의 급속한 경제발전 및 도시화가 진행되면서 조선족들이 더 나은 삶과 기회를 찾기 위해 내륙 및 연해 도시 지역으로 이주함에 따라 낯선 곳에서 새로운 사람들과 관계를 맺어가면서 적응하는 과정에서 새로운 정체성을 형성하였다. 이러한 대도시 지역에 살고 있는 조선족들을 '신조선족'[9]이라 부르고 있다.

둘째, 1992년 한 · 중 수교 이후 한국정부의 조선족에 대한 정책변화이다. 한국정부는 1999년 재외동포법 제정, 2007년 방문취업제 도입으로 중국지역에 살고 있는 조선족들이 한국사회에 본격적으로 유입되었다. 그러나 조선족들은 한국과의 만남을 통해 동일 민족 간의 문화적 차이를 느끼게 되면서 민족에 기반한 정체성의 회의를 가지게 되는 계기가 되었다. 이와 더불어 조선족의 한국으로의 대이동이 본격화되면서 농촌지역에서 조선족 인구의 지속적인 감소와 이에 따른 조선족사회의 현실적 위기가 대두되면서 정체성 담론이 이루어지고 있다.[10]

셋째, 조선족의 한국 이주와 더불어 초국적 이동이 일상화되면서 조선족들은 미국, 일본, 영국 등 세계 곳곳에 정착하게 되었다. 이렇게 조선족들은 새로운 환경에서 새로운 문화를 접촉, 교류하면서 새로운 정체성을 획득해 가고 있다. 대표적으로 조선족은 '재미조선족', '재일조선족', '동아시아조선족'[11], '동북아인'[12] 등 다양하게 불리면서 다중적인 정체성이 출현하고 있다.

심으로," 『한국민족문화』 제38집, p.4.

9 이 용어는 중국의 대도시 및 연해도시에서 생활하고 있는 조선족들과 해외 각 국가에서 일하며 공부하며 또는 정착하여 삶을 이어가고 있는 조선족들을 의미한다. 김문학, 〈신조선족〉 월경론(越境论)(1), 『중국동포타운신문』, 2011.10.20(http://www.dongpotown.com/news/articleView.html?idxno=1703, 검색일: 2015년 10월 22일)

10 허명철(2012), "조선족 정체성 담론," 『중앙사론』 36집, p.453.

11 권향숙(2012), "조선족의 일본 이주와 에스닉 커뮤니티: 초국가화와 주변의 심화사이의 실천," 『역사문화연구』 제44집, p.28.

12 최우길(2014), p.120에서 재인용.

요컨대, 디아스포라의 정체성은 항상 고정되어 있거나 불변하는 것이 아니라 자신을 둘러싼 주변 환경의 변화에 따라 형성되고 재구성된다. 이러한 점에서 오늘날 조선족은 한국과 거주국의 환경 변화에 민감하게 반응하면서 자신들의 정체성을 새롭게 형성해 가고 있다.

2) 재일한인의 정체성 연구

재일한인의 정체성에 관한 주요 선행연구를 살펴보면 다음과 같다. 먼저 후쿠오카・김명수는 재일한인 청소년의 정체성은 생활방식의 지향에 따라 7가지 유형으로 분류된다고 보았다.[13] 즉, 재일한인 청소년은 조국지향형, 동포지향형, 공생지향형, 개인지향형, 귀화지향형, 갈등회피형, 갈등형 등 7가지 유형의 정체성을 보이고 있다. 각 유형의 특징을 요약해보면 아래와 같다.

표 2.1 재일한인 청소년의 민족정체성 유형

생활 방식의 지향	유사한 성격 집단	집단의 주요 특징
조국 지향형	총련 소속	민족학교 졸업 총련에의 귀속의식이 강함 조선적 소유
동포 지향형	총련 또는 민단 간부, 활동가	일본에서 재일한인 청소년들이 안정적으로 살아가기 위한 여건 조성 민족으로서의 내실 중시
공생 지향형	민투련[14] 회원	민족차별 철폐 운동 실천 일본인과 재일한인 간 차이 인정 상생하는 사회 만들기
개인 지향형	민단 소속	재일한인이라는 핸디캡을 극복하여 일류대학, 외국기업 및 일본 대기업 취업 일본 주류사회 진출하기 위해 노력

13 임영언(2009), "재일한인의 민족정체성 유형에 관한 사례연구," 『일본문화학보』 제40집, p.434에서 재인용

귀화 지향형	민단 소속	'일본인과 똑같이 되고 싶다'라는 귀화 의향을 강하게 가지고 있음
갈등 회피형	민단 소속	일본사회에서 살아가는 현실에 비관하지 않음 그때그때의 상황에 맞게 처신
갈등형	민단 소속	일본인, 재일한인, 재일한국·조선인 등 어느 한쪽으로 귀속시키기 어려움 정체성의 혼란과 갈등 속에서 생활 유지

출처: 임영언(2009), pp.434-435에서 재인용

김정구의 연구에 따르면, 재일한인 2~3세 젊은이들의 정체성은 개개인의 생활환경에 따라 공생지향, 조국지향, 개인지향, 귀화지향 등 4가지 유형으로 나타난다고 하였다.[15] 임영언은 재일한인 청소년의 민족정체성이 개인지향형은 글로벌지향형으로, 조국지향형은 동포지향형으로, 귀화지향형은 독자지향형으로 변화하고 있음을 논하고 있다.[16] 김종곤은 저항과 공생을 향한 낯선 타자로서의 삶이라는 표현을 통해 국적과 정체성이 일치하지 않는 재일한인의 혼란성에 대해 논하였다.[17] 즉 재일한인은 일본, 한국, 북한, 조선 속에서 혼란스러워 하는 존재라는 것이다. 특히 1, 2세대와 달리 3세대는 조국지향성 보다는 일본사회의 구성원으로 살아가고자 하는 공생지향성이 나타난다고 평가했다. 남근우는 재일동포의 정체성은 '감추기', '권리 찾기', '뿌리 찾기'의 문화정체성으로 다양하게 분화되고 있다고 본다.[18] 특히 고국과의 문화적 연대를 상실해 가고 있는 추세로 1만 명 내외로 귀화하는 현실을 고려할 때, 재일한인의 정체성은 모국 지향에서 거주국 지향으로 경

14 이 단체는 1975년에 설립된 것으로, 정식명칭은 '民族差別と闘う全国連絡協議会(민족차별에 투쟁하는 전국연락협의회)'이다. 국사편찬위원회 홈페이지(http://db.history.go.kr/item/level.do?levelId=fs_015_0010_0020)

15 김정구(2004), "재일한국인의 정체성에 관한 연구," 『한국동북아논총』 제9집 3호, pp.265-280.

16 임영언(2009), "재일한인의 민족정체성 유형에 관한 사례연구," 『일본문화학보』 제40집, pp.427-440.

17 김종곤(2014), "'재일' & '조선인'으로서의 정체성과 가치지향성", 『통일인문학』 59, pp.31-57.

18 남근우(2011), "재일동포사회의 문화정체성에 관한 연구", 『국제정치논총』, 51(4): 159-188.

도되고 있다고 주장한다. 황혜경은 재일한인에 대한 2000년도와 2015년도에 실시한 조사연구 결과를 비교분석하여 재일한인의 민족정체성의 변화를 고찰하였다.[19] 재일한인은 전통문화에 대한 평가에서 변함없이 한국문화를 통해 마음의 위안을 얻으며 계승하고 싶어 하는 것으로 나타난 반면, 모국에 대한 애국심과 민족정체성은 젊은 세대로 갈수록 거부감이나 무관심 현상이 나타난 것으로 조사되었다. 이와 같이 재일한인은 개개인의 특성과 다양한 환경에 따라 다중적인 정체성을 보여주고 있다.

3) 카자흐스탄 고려인의 정체성 연구

1990년대 후반부터 시작된 고려인의 정체성에 관한 연구들은 고려인이 밀집 거주하고 있는 중앙아시아의 우즈베키스탄, 카자흐스탄, 키르기스스탄, 그리고 러시아 등 구소련국가들을 중심으로 이루어졌다. 고려인의 정체성에 관한 선행연구들을 지리적으로 구분하면 살펴보면 다음과 같다.

첫째, 고려인들의 대다수가 거주하고 있는 지역은 중앙아시아이다. 중앙아시아 국가들에 거주하는 고려인의 정체성에 관한 연구들은 한국 학계에서 많이 연구되었다.[20] 이 연구들은 고려인의 정체성에 있어 민족의식, 언어 정체성, 집단적 정체성, 생활문화, 기억 양상, 거주국의 민족정책, 시대별 민족정체성 변화 양상 등에 대해 논의하였다.

둘째, 러시아 연방이다. 러시아 연방 거주 고려인 정체성에 대해 작성된 연구들을 따로 구분하는 이유는 러시아 거주 고려인들은 다른 지역들과 달

---

19 황혜경(2017), "재일동포의 민족정체성 변화고찰(2): 2000년, 2015년 오사카시를 중심으로", 『일본문화연구』, 64: 333-353.

20 임채완, 1999; 김영기, 1999; 최한우, 2000; 윤형숙. 2000; 강재식, 2001; 박명진, 2005; 전형권·Yim Yulia, 2006; 김종회, 2006; 성동기, 2012, 2013; 이혜성, 2007; 김복희, 2007; 조규익, 2009; 정영숙, 2009; 권기배, 2014; 박명진, 2012; 명 드미트리, 2013; 안상경·이병조, 2013; 정재윤, 2015; 오세호, 2016; 김중관, 2016; 선봉규·배준환, 2018.

리 두 가지 집단으로 구분된다. 하나는 러시아 연해주 사할린 고려인이며, 다른 하나는 강제이주 후 중앙아시아에서 러시아로 이주한 고려인들이다. 전자와 후자에 대해서도 한국 학계에서 많은 연구들이 이루어졌다.[21] 이러한 선행연구들은 러시아 거주 고려인들의 경제공동체 건설 및 민족 정체성, 고려인 차세대 정체성, 민족교육, 공동체 형성, 생활문화, 음식문화, 혈통, 민족어 사용 등에 관해 논의하였다.

셋째, 구소련 지역이나 독립국가연합(Commonwealth Independent States, CIS) 지역이라는 큰 틀 하에서 고려인 정체성을 전체적인 관점에서 본 연구들이다.[22] 이 연구들은 구소련 영토 내 고려인들의 언론과 언론 속에서 나타난 고려인의 민족정체성, 사회적 정체성, 민족어 사용 실태, 한글학교 운영, 고려인의 무형유산의 보존, 전통춤 계승, 음식문화 등에 대해 논의하였다.

2. 코리안 디아스포라와 모국 연계

디아스포라 연구를 선도한 사프란(William Safran)에 의하면, 디아스포라는 '국외로 추방된 소수 공동체(expatriate minority communities)'로 정의된다. 특히 디아스포라는 모국에 대한 집단적 기억과 신화를 가지며, 모국은 거주국사회에서 일정한 조건이 만족되면 되돌아가야 할 진정한 고향으로 여기며 살아가고 있다. 또한 디아스포라는 거주국에서 민족공동체를 형성하여 모국의 안녕과 번영, 그리고 모국과의 관계를 유지하기 위해 모국의 정체성을 유지하는 데 노력하는 존재이다.[23]

---

21 임채완, 2002; 임넬리, 2004; 정덕준, 2007; 반병률, 2008; 양민아, 2008; 고가영, 2008; 김혜진, 2008, 2010; 장호종, 2009; 정진아, 2014; 경혜영, 2011; 전봉수, 2014; 이채문, 2015; 이영형·김정훈, 2016.

22 김영기, 1998; 윤인진, 2002, 2014; Чен Валентин, 2007; 김 게르만, 2009; 전병국, 2010; 정병진·남빅토르, 2011; 지충남·양명호, 2016; 김중관. 2016; 홍세희·조기숙, 2017; 이진영·김선아, 2017.

코헨(Robin Cohen) 또한 사프란의 디아스포라 개념을 확장하여 디아스포라는 모국에 대한 집합적 기억과 신화, 그리고 조국에 대한 이상화 등의 특성을 가지는 것으로 보고 있다.[24] 이처럼 디아스포라는 낯선 거주국에서 불안정한 생활을 하고 있을지라도 자신의 모국에 대한 기억과 신화, 그리고 모국의 발전 및 지속적인 관계를 유지하려는 의식을 지니고 있다.

거주국의 주류 민족주의 정책으로 차별・배제되는 디아스포라에게 모국의 존재는 정치, 경제, 사회적 위상을 확립해 가는데 있어 중요한 자원이 되고 있다. 나아가 디아스포라는 모국과 거주국간의 관계를 매개하는 중요한 위치를 차지하고 있다. 즉, 디아스포라가 모국이나 거주국과의 관계가 우호적인 경우, 정치경제적 영향이 긴밀하게 유지되는 반면, 상호간에 단절적이고 비우호적인 관계가 지속될 경우 갈등과 대립의 정치적 결과를 초래하기도 한다.[25] 이러한 맥락에서 글로벌시대 디아스포라와 모국과의 연계는 자신들뿐만 아니라 거주국과의 관계를 결정하는 중요한 요인이 되고 있다.

디아스포라가 모국과의 관계를 유지하는 방식은 다양하게 이루어지고 있다.[26] 거주국사회에서 디아스포라가 모국의 언어를 사용하고, 모국의 전통문화를 유지, 계승함으로써 민족정체성을 유지하고 모국과의 연계를 강화하는 원동력이 된다. 또한 디아스포라는 모국과의 인적 왕래를 포함하여 정치・경제・사회・문화・체육 등 다양한 영역에서 직접적인 교류활동을 벌이고 있으며, 이를 통해 모국과의 상호관계 및 교류협력을 강화하고 있다.

---

23 Safran(1991), pp.83-84.

24 Cohen(1997), p.26. 최인범도 사프란과 코헨과 마찬가지로 디아스포라는 모국과 다양한 형태의 명시적 또는 묵시적인 관계를 보존하고 유지하기 우해 집단적인 노력을 하는 것으로 보고 있다(최인범 2003, 25).

25 김재기(2008), p.454.

26 김혜련(2015), 「말레이시아 화인디아스포라의 모국관계 연구」, 『민족연구』 제61호, pp.85-86.

III

중국 연변조선족의 다중정체성과 모국 연계 활동

중국은 주류민족인 한족을 포함하여 56개 민족으로 구성된 다민족국가이면서 국가 간의 경계지역에 거주하는 과계민족이 36개 소수민족이 있다. 이러한 민족구성은 중국정부의 소수민족정책에 큰 영향을 미치고 있다. 즉, 중국은 소수민족이 집중 거주하고 있는 특정지역에 한정하여 민족자치정책을 실시하고 있다. 소수민족의 자치정책은 소수민족이 해당 집거지역에서 자신들의 고유한 전통 문화예술을 향유, 계승, 발전시키는 원동력이 되고 있다. 1992년 한-중 수교 이후, 중국조선족은 한국이라는 또 다른 모국에 대한 인식을 통해 다양한 차원의 모국 연계 활동을 전개해가고 있다. 이러한 활동은 중국조선족의 정체성에 많은 영향을 미치고 있다. 이 장에서는 연변조선족자치주에 살고 있는 조선족들의 의식주 생활과 정체성, 모국 연계 활동 등에 대해 살펴보고자 한다.

1. 연변조선족의 의식주 생활과 정체성

1) 연변조선족의 한복에 대한 인식과 경험

(1) 연변조선족의 한복에 대한 인식

연변조선족의 민족의 전통의상이라 할 수 있는 한복에 대한 인식은 어떠한지 설문조사 결과를 살펴보면 아래 〈표 3.1〉과 같다.

연변조선족들은 '한복이 조선족의 전통의상이라고 생각한다'라는 항목에 평균 4.23으로 나타나 다른 질문내용 보다 가장 높은 평균을 보였으며, '한복에 대해 자부심을 갖고 있다'라는 항목에는 평균 3.92로 나타났다. 이와 같이 연변조선족들은 한복에 대해 민족의 전통의상으로써 자부심을 갖고 있다고 볼 수 있다. 그러나 연변조선족들은 일상생활에서 한복을 착용하는데 상대적으로 부정적인 인식을 보이고 있다. '한복이 보기에는 좋으나 활동성 때문에 입고 다니기에 불편하다고 생각한다'라는 항목에 평균 3.45를 나타냈고, '한복이 시대에 뒤떨어져 보이므로 양장을 선호한다'라는 항목에는 평균 2.59를 나타냈다. 연변조선족들은 '자녀들이 한복을 입었으면 좋겠다고 생각한다'라는 항목에 평균 3.24로 보통의 수준을 보여주었다.

표 3.1 연변조선족의 한복에 대한 인식

질문 내용	빈도(명)	평균	표준편차	최솟값	최댓값
나는 한복이 조선족의 전통의상이라고 생각한다.	260	4.23	1.106	1	5
나는 한복에 대해 자부심을 갖고 있다.	260	3.92	1.195	1	5
나는 한복이 보기에는 좋으나 활동성 때문에 입고 다니기에 불편하다고 생각한다.	260	3.45	1.094	1	5
나는 한복이 시대에 뒤떨어져 보이므로 양장을 선호한다.	258	2.59	1.130	1	5
나는 자녀들이 한복을 입었으면 좋겠다고 생각한다.	259	3.24	1.076	1	5
나는 한복을 입고 싶어도 경제적인 이유로 한복을 입지 못한다.	259	2.05	1.093	1	5

(2) 연변조선족의 한복 착용

최근 연변조선족의 한복 착용은 한 조사에 따르면, 평생 한두 번 입거나 1년에 한두 번 입어보는 것으로 나타났다.[1] 구체적인 결과를 보면 〈표 3.2〉와 같다.

1 장윤수(2006), 『재외한인의 문화생활』 (성남: 북코리아), p.110.

표 3.2 연변조선족의 한복 착용 현황

(단위: 명/%)

한복 착용 정도	빈도	비율
전혀 입어 본 적이 없다.	27	15.7
지금까지 한두 번 입어 본 적이 있다.	71	41.3
1년에 한두 번 입는다.	43	25.0
행사 때마다 자주 입는다.	31	18.0
항상 입는다.	0	0.0
전체	172	100.0

자료: 장윤수(2006), p.110.

연변조선족들이 한복을 입는 경우에는 결혼식(71.2%)과 회갑(63.5%) 잔치 때 가장 많이 착용한 것으로 나타났다. 다음으로 지역에서 개최되는 축제와 민족의 고유명절인 설날과 추석, 제사 등의 순으로 한복을 입는 것으로 조사되었다.

표 3.3 연변조선족의 한복 착용 사례[2]

(단위: 명/%)

한복 착용 사례	빈도	비율
돌잔치	1	0.7
결혼식	185	71.2
회갑	165	63.5
축제	59	22.7
명절(설날)	33	12.7
명절추석)	16	6.2
제사	15	5.8
기타	14	5.4

2 이 결과는 다중응답의 결과이다.

사진 3.1 1990년대 연변조선족의 결혼식 모습

사진 3.2 1990년대 연변조선족의 회갑 잔치 모습

2) 연변조선족의 식생활

중국조선족의 음식문화는 독특한 특성과 발전 역사를 가지고 있으며, 전통적인 식생활 습관을 여전히 보존하고 있다. 연변조선족의 가정에서 전수하고 있는 대표적인 음식은 김치, 찰떡, 장류(된장·고추장·쌈장), 시루떡 등이다. 김치는 조선족뿐 아니라 한족들도 평소 즐기고 있다. 조선족의 전형적인 민

족문화의 특색을 나타내는 음식으로는 백설기, 찜, 증편, 송편, 냉면, 오곡밥, 순대, 불고기, 생선구이, 녹두묵, 개고기 등이다.[3]

연변조선족의 식생활을 알아보기 위해 한민족의 식생활에 없어서는 안 되는 중요한 음식이라 할 수 있는 김치와 된장, 고추장의 이용 실태를 살펴보았다. 〈표 3.4〉에서 보듯, 연변조선족들은 일반적으로 가정에서 김치를 직접 담가서 먹거나, 된장이나 고추장을 담가서 먹지 않은 것으로 나타났다.

표 3.4 연변조선족의 김치, 된장, 고추장 이용 실태

질문 내용	빈도(명)	평균	표준편차	최솟값	최댓값
귀하는 가정에서 김치를 담가서 먹고 있습니까?	253	1.09	.294	1	5
귀하는 가정에서 고추장, 된장을 담가서 먹고 있습니까?	252	1.35	.485	1	5

사진 3.3 연변조선족자치주 연길시 서시장내 조선족의 김치가게

3 류은순, 류경(1996), "중국 연변지역 조선족 주부들의 식생활문화에 관한 연구," 『한국식생활문화학회지』 제11권 3호, p.330.

사진 3.4 정월대보름에 먹는 중국의 위엔샤오

연변조선족들이 설날이나 추석과 같은 민족의 명절에 주로 해 먹는 음식은 송편, 떡국, 한과 및 강정, 잡채 등이 있다. 연변조선족들은 정월대보름에 윷놀이 등 민속놀이와 함께 오곡밥, 나물, 부럼까기, 귀밝이술 등의 전통음식을 해먹는다. 또한 중국인들이 정월대보름에 먹는 위엔샤오(元宵)[4]도 같이 먹기도 한다.

연변조선족들은 가정에서 주로 어떤 음식을 해먹는지 살펴보았다. 연변조선족은 조선족의 음식과 한족 음식을 함께 해먹는다고 하는 응답이 전체의 60.1%를 차지했다. 다음으로 조선족의 음식은 37.9%, 한족 음식은 2.0% 순으로 나타났다.

표 3.5 연변조선족이 주로 해먹는 음식 유형

구분	빈도(명)	비율(%)
조선족 음식	94	37.9
한족 음식	5	2.0
조선족 음식 + 한족 음식	149	60.1
전체	248	100.0

4 위엔샤오(元宵)는 찹쌀가루로 빚은 것으로써 새알 모양을 띠며, 그 속에 팥과 설탕, 호두, 참깨 등을 넣어 달콤하고 고소한 맛을 가지고 있다.

3) 연변조선족의 지역생활 환경

주지하다시피, 연변지역은 중국의 55개 소수민족 중 조선족의 민족자치가 실현되고 있는 곳이다. 이러한 이유로 연변지역의 조선족사회는 민족의 문화와 언어가 잘 유지, 계승되고 있으며, 민족공동체를 형성하여 살아가고 있다. 연변조선족의 지역생활 환경에 대한 만족도 조사 결과를 보면 다음과 같다.

연변조선족의 지역생활 환경에서 만족도가 가장 높은 항목은 '시장, 대형 마트 이용'이 평균 3.79를 보였다. 이러한 사실은 무엇보다 1980년대부터 추진된 개혁개방 및 도시화의 확대와 밀접한 관련이 있다. 다음으로, '치안, 범죄 등 안전 상태'가 평균 3.64, '미취학 자녀의 양육 환경'이 평균 3.58, '학교, 학원 등 교육 환경' 및 '병원, 보건소 등 의료시설 이용 환경'이 평균 3.57, '주변 자연 환경'이 평균 3.52 순으로 나타났다. 반면, 상대적으로 평균점수가 낮은 항목은 '집 주변 청소 및 쓰레기 처리 상태'가 평균 3.42로 가장 낮았으며, '주거시설의 비용'이 평균 3.47을 나타냈다.

표 3.6 연변조선족의 지역생활 환경 만족도

질문 내용	빈도(명)	평균	표준편차	최솟값	최댓값
주거시설의 비용	258	3.47	.967	1	5
집 주변 청소 및 쓰레기 처리 상태	259	3.42	1.033	1	5
시장, 대형 마트 등 이용	259	3.79	.937	1	5
각종 사회복지시설 이용	254	3.48	1.058	1	5
병원, 보건소 등 의료시설 이용 환경	259	3.57	1.007	1	5
주변 자연 환경	259	3.52	1.013	1	5
치안, 범죄 등 안전 상태	258	3.64	.908	1	5
미취학 자녀의 양육 환경	257	3.58	.928	1	5
학교, 학원 등 교육 환경	259	3.57	.901	1	5

2. 연변조선족의 축제와 모국과의 교류 활동

1) 연변조선족의 축제 활동

오늘날 연변조선족자치주에서는 형식과 내용이 다양하고 풍부한 관광 축제들이 연중 개최되고 있다. 다양한 축제의 개최는 국내외 관광객들을 유치하고 연변관광업의 발전을 촉진하는 계기가 되고 있다. 연변조선족의 축제는 크게 세 가지 유형으로 분류해 볼 수 있다. 첫째, 4계절 연변을 주제로 하는 관광축제, 둘째, 민속문화 자원을 활용하는 관광축제, 셋째, 지역 특색 및 특산물을 활용하는 관광축제 등이다. 이러한 축제들의 콘텐츠를 살펴보면 다음과 같다.

(1) 4계절 연변 관광축제

연변조선족자치주는 조선족의 전통 민속문화를 널리 알리고, 연변 민속 관광 브랜드를 구축하기 위해 연변의 아름다운 4계절을 주제로 하는 축제를 개최하고 있다. 연변의 4계절 관광브랜드 축제는 '연변의 봄', '연변의 여름', '연변의 가을', '연변의 겨울' 등이 있다.

표 3.7 4계절 연변 관광축제 현황

구분	대표 축제명	개최 시기	개최 장소
연변의 봄	진달래축제	4-5월	화룡시
	사과배꽃축제	5-6월	용정시
연변의 여름	두만강문화관광축제	8월	도문시
연변의 가을	조선족민속관광축제	9월	연길시
연변의 겨울	두만강빙설축제	1월-2월	도문시

① 연변의 봄

'연변의 봄' 관광브랜드는 '진달래축제'와 '사과배꽃축제'가 대표적이다. 그중 '진달래축제'는 화룡시에서 2008년부터 시작하여 현재에 이르고 있으며, 매년 4-5월경에 개최되고 있다. 이 축제는 화룡시 서성진 진달래촌에서 이루어지는데, 이 마을은 관광과 휴식, 농촌체험을 함께 할 수 있는 조선족 민속마을이다. 이 축제는 화룡시의 진달래문화와 독특한 민속문화를 홍보하고, 화룡시의 문화관광업의 발전과 번영, 대외지명도 제고를 위한 취지에서 비롯되었다.

진달래축제는 주로 지역특산 제품 전시, 조선족 전통음식 전시, 조선족 민속 체육 및 문화 활동을 중심으로 이루어지고 있다. 2013년 제6회 진달래 축제 콘텐츠를 보면, 4월 27일에는 '매혹적인 진달래'를 주제로 대중성 민속 공연 및 촬영, 서법, 회화 등 행사 진행; 28일에는 '다채로운 진달래'를 주제로 관광제품 추천 소개, 지역제품전시, 조선족전통음식전시, 촬영작품 전시, 민속 체육 및 문화 표현 등 행사 진행; 29일에는 '진달래와의 약속'을 주제로 전 주 청년 계열 친목행사가 펼쳐졌다.[5]

사과배꽃축제는 용정시에서 2008년부터 시작하여 현재에 이르고 있으며, 매년 5~6월경에 개최되고 있다. 이 축제는 민속체험 등 조선족 민속문화 발양, 연변특색경관 홍보, 연변주 관광업 발전 촉진, 연변의 지명도와 대외 개방 수준 제고를 위해 추진되고 있다.

다음 〈표 3.8〉은 2012년 제5회 사과배꽃축제의 주요 프로그램을 요약한 것이다.

---

5 중국조선어인터넷방송, 2013.04.19.

표 3.8 연변의 봄 – 사과배꽃축제

구분	주요 내용
체험행사	조선족 민속음식, 민속밧줄 당기기, 전통명절
전시행사	조선족 민속문화(조선족회갑, 그네뛰기, 농악무, 상모춤, 민간특기 등), 조선족 민간공예, 지역특산물, 관광기념품 전시 등
공연행사	길림 가무단의 문예공연, 군중성 문화공연 등
부대행사	퀴즈 알아 맞추기, 자가용관광, 정품관광코스 판촉활동 등
기타행사	투자유치 및 비즈니스 상담

이 두 축제는 무엇보다 조선족을 상징하는 진달래와 사과배를 기반으로 축제를 진행하고 있다는 점에서 특징적이다. 진달래는 연변조선족자치주의 주화로 지정된 바와 같이, 조선족을 상징하는 꽃이며, 조선족은 진달래민족이라 부르기도 한다. 특히 진달래는 중국의 항일전쟁과 해방전쟁에 참여한 조선족 열사를 기리는 꽃으로 불리고 있다. 그래서 중국 시인 하경지는 "산기슭마다 진달래가 붉게 피어 있고, 마을마다 열사비가 솟아있네"라고 연변을 노래하였다.[6] 사과배는 연변의 특산물로써 연변조선족의 가장 큰 창조물이라 할 수 있다. 사과배는 한반도의 함경북도 북청에 나는 배나무가지와 연변지역의 야생 돌배나무에 가접하여 만든 새로운 품종이다.[7] 연변 사과배는 조선족의 이중적 정체성을 잘 표현하고 있다. 즉 한반도의 문화와 중국의 문화를 접목시켜 새로운 조선족문화를 형성한 것으로, 조선족은 중화민족문화의 신분과 조선민족문화의 신분을 동시에 갖고 있는 특수한 민족공동체라 할 수 있다.

② 연변의 여름

'연변의 여름' 관광브랜드는 '두만강문화관광축제'가 대표적이다. 두만강

6 연변일보, 2012.08.29.

7 동북아신문, 2006.04.11.

문화관광축제는 도문시에서 2010년부터 매년 8월에 개최되고 있다. 이 축제의 특징은 무엇보다 두만강지역이 갖는 지경학적 특성을 반영하고 있다. 두만강지역은 중국, 북한, 러시아, 한국 등 주변국가와 밀접히 연관되어 있다는 점에서 변경문화, 변경경제를 활성화시키기 위한 국제적인 협력이 이루어지는 곳이다. 이러한 두만강지역의 지경학적 우세 때문에 두만강문화관광축제는 조선족 민속문화의 발굴, 전승, 전시뿐만 아니라 선도구 개발·개방과 연룡도(연길, 룡정, 도문) 일체화 발전에 입각하여 두만강지역 문화관광과 경제무역 합작교류를 강화하는데 취지를 두고 있다.

아래 〈표 3.9〉는 2013년 8월 8일부터 15일까지 도문시에서 진행된 '중국두만강문화관광축제' 프로그램을 요약한 것이다.

표 3.9 연변의 여름 – 두만강문화관광축제

구분	주요 내용
체험행사	조선족 미식체험, 제7회 두만강 투우절, 중국 조선족 전통민속놀이, '예술아놀자' 창의교육 활동
전시행사	두만강 청소년 시화전, 두만강 관광상품전, 아름다운 중국조선족, 도문시화경전시관, 제4회 국제예술전, 두만강기석전시관, 도문시디지털전시관, 중국조선족무형문화유산전연
공연행사	제4회 두만강 '나도 스타' 가요제, 시민무대, 두만강반 음악회, 두만강 '시민쇼' 공연, 두만강 어울림 한마당, 젊음아 놀자
부대행사	어린이 영어 뮤지컬, 제4회 두만강 문화포럼, 도문관광 코스 체험, 두만강물 놀이터

출처: 중국동포타운신문 250호, 2013.06.30.

두만강문화관광축제는 〈표 3.9〉에서 보는 바와 같이, 조선족의 민속문화를 발굴, 전승, 발양하는 다양한 프로그램들을 선보였고, 도문시의 대외교류를 통해 지명도를 제고하는데 일정한 성과를 거두고 있다.[8] 즉, 두만강문화관광축제는 민족 특색을 살린 중국조선족의 민속문화와 러시아, 한국, 북

8 길림신문, 2013.08.08.

한 등 주변국가간의 문화적, 경제적 교류를 확대해가고 있다.

대표적으로 한국의 강원도 동해시는 도문시와 지난 1995년 4월 자매결연을 체결한 이래 21명의 공무원 상호 파견 연수와 6회에 걸쳐 105명의 학생대표단 상호 교류를 비롯해 경제, 문화, 스포츠, 예술 등 다양한 분야에서 교류행사를 진행해오고 있다.[9] 동해시 우호사절단은 2015년 제6회 축제에 참석하였다. 특히 이번 동해시우호사절단은 10월에 열리는 제30회 '동해무릉제' 도문시 대표단 및 문화공연단 초청 협의 업무도 진행했다.

이와 같이 연변의 여름 - 두만강문화관광축제는 조선족 민속문화 홍보와 문화관광 및 경제 발전, 그리고 국제교류의 장으로 승화시키고 있다.

③ 연변의 가을

'연변의 가을' 관광브랜드는 조선족의 중요한 전통 민속명절인 추석을 중심으로 한 '조선족민속관광축제'가 대표적이다. 추석은 국가무형문화재로 등재된 후 연변조선족자치주의 수부도시인 연길시에서 2010년부터 진행해오고 있다. 연변가을 축제는 중국조선족의 전통문화를 계승, 발양하고, 연길과 연변의 독특한 관광축제브랜드를 구축하여 국내외 관광객 유치 및 연길 문화관광산업의 경쟁력을 강화하기 위한 취지에서 비롯되었다.[10]

연변의 가을 축제는 매년 9월부터 10월까지 연변조선족자치주내 연길시, 용정시, 도문시, 훈춘시, 돈화시 등에서 다채롭게 펼쳐지고 있다. 구체적으로 연변의 가을 축제는 '연길시 추석민속절', '용정시 사과배따기절', '도문시 두만강농악절', '연변 황소싸움절(투우절)', '돈화시 기복법회', '훈춘시 맹령 사과따기절', '연변 가을 촬영전' 등이 있다. 이 축제는 연변의 고유한 지역 특색을 중심으로 관광브랜드를 구축하는 데 기여하고 있다.[11]

9 뉴시스, 2015.08.17.

10 인민넷, 2010.09.25.

11 인민넷, 2010.09.13.

아래 〈표 3.10〉은 2010년 개최된 연변의 가을 - 조선족민속관광축제의 프로그램을 요약한 것이다.

표 3.10 연변의 가을 - 조선족민속관광축제

구분	주요 내용
연길시 추석민속절	조선족전통음악, 전통음식, 문예공연
용정시 사과배따기절	사과배 따기, 사과배 많이 먹기, 사과배 껍질 깎기, 조각제품 및 뿌리 공예 전시
훈춘시 맹령 사과따기절	사과왕 평의, 문예공연, 사과인신제사, 셀렌사과 판매협의 체결, 사과기지 참관, 전통민속놀이 체험

출처: 재외동포신문, 2010.09.15

이와 같이 연변의 가을 - 조선족민속관광축제는 조선족 민속명절과 지역 특색을 접목시켜 조선족 민속문화의 발굴과 전승, 그리고 관광산업의 발전을 통한 지역경제 활성화에 기여하고 있다.

사진 3.5 중국 조선족 추석민속절

④ 연변의 겨울

'연변의 겨울' 관광브랜드는 도문시 두만강지역을 기반으로 한 '두만강빙설축제'가 대표적이다. 두만강빙설축제는 도문시에서 매년 1월부터 2월까지 열리며, 문화, 관광, 교육, 체험, 경기, 오락을 일체화한 종합적인 겨울철 축제로 자리매김하고 있다. 특히 두만강빙설축제는 조선족의 민속문화 특색 부각, 도문시의 자연경관 우세 발휘, 두만강 중조변경의 지역 특점 이용 등 문화와 관광을 결합한 축제이다.[12]

아래 〈표 3.11〉은 2013년 1월 18일부터 2월 24일까지 개최된 연변의 겨울 – 두만강빙설축제의 프로그램을 요약한 것이다.

표 3.11 연변의 겨울 – 두만강빙설축제

구분	주요 내용
체험행사	조선족 음식 만들기, 서법교육, 예절교육, 빙설미끄럼틀, 빙상자전거, 아동수공제작, 눈조각
전시행사	빙설조각 작품전, 초롱전시회
부대행사	중국 도문-북한 남양 보행관광, 중국 도문-북한 온성 겨울철 1일 관광

출처: 길림신문, 2013.01.18.

두만강빙설축제에서는 중소학생들이 겨울방학을 이용하여 다양한 체험활동을 할 수 있도록 프로그램을 운영하고 있다. 축제 기간 동안 중소학생들은 중국조선족무형문화유산전람관과 청소년친환경체험관을 무료로 참관할 수 있다. 빙설조각 작품전에서는 조선족의 민속특색을 반영한 민족복장, 진달래, 물동이, 씨름 등을 조각하여 전시하였다. 또한 이 축제에서는 도문시 두만강지역의 지역 특성을 살려서 '중국 도문-북한 남양 보행 유람'과 '중국 도문-북한 온성 겨울철 1일 유람'을 개통하여 두만강 변경 관광을 할 수 있도록 했다.[13]

12 길림신문, 2012.01.15.

이와 같이 연변의 겨울 – 두만강빙설축제는 조선족의 민속문화와 두만강 빙설을 접목시켜 독특한 겨울철 관광브랜드를 창출하고, 지역 관광산업의 발전에 기여하고 있다.

사진 3.6 연변의 겨울 – 두만강빙설축제(2013)

13 길림신문, 2012.12.17.

(2) 지역 민속문화 축제

연변조선족사회는 지역에 존재하는 전통 민속문화 및 생활풍습에 기반하여 다양한 축제를 진행하고 있다. 지역별 대표적인 축제를 살펴보면, 안도현 홍기촌 '조선족제1촌' 민속문화관광절, 연길시 조선족민속음식및관광상품전시회, 도문시 두만강 농악절, 도문시 연변용가미원조선족예술절, 훈춘시 퉁소절, 연길시 조선족민속촬영전, 연길시 연변관광민속복장전시, 왕청현 상모춤문화예술절, 연길시 단오민속관광절, 용정시 어곡전 농부절 등이 있다. 대표적인 지역 민속문화 축제의 콘텐츠를 보면 아래 〈표 3.12〉와 같다.

표 3.12 연변조선족의 지역 민속문화 축제 현황

지역명	축제명	주요 내용
안도현	홍기촌 '조선족 제1촌' 민속문화관광절	조선족특색음식, 민속풍정체험, 그네 등 전통민속놀이, 장고춤 등 전통민속춤
훈춘시	밀강 퉁소 문화예술절	퉁소대합주, 퉁소독주, 퉁소합주, 물동이춤, 장고춤
연길시	단오 민속관광절	가두문예공연, 널뛰기, 씨름 등 민속놀이, 풍년기원제사, 부채선물하기
용정시	어곡전 농부절	풍년제, 농부장원 표창, 탈춤, 상모춤 등 다양한 민속문예공연

안도현 만보진 홍기촌에서 개최되는 '조선족 제1촌' 민속문화관광축제는 2008년부터 시작되어 현재에 이르고 있다. 이 축제는 장백산 아래에 위치해 있는 안도현 조선족 제1촌인 홍기민속촌[14]이 가지고 있는 지역특색을 반영한 것이다. 홍기민속촌은 민속체험관, 민속박물관, 민속음식점, 민속 가정여관 등이 마을 곳곳에 위치하여 조선족의 민속풍격을 뽐내고 있다.[15]

훈춘시 밀강 퉁소 문화예술절은 2008년부터 시작되었다. 특히 밀강 퉁

---

14 홍기민속촌은 '제3진 전국특색경관관광유명촌'으로 인정되었으며, 하루 평균 2천 명 정도 관광객이 유입되고 있다.

15 인민넷, 2013.06.07

소는 2007년에 국가급 비물질문화유산에 등록되었으며, 2008년 중앙문화부로부터 '중국민간문화예술의고향', 2009년에 중국민간문예가협회로부터 '중국조선족퉁소예술의고향'이라는 영예를 받았다.

왕청현은 '중국민간문화예술의 고향', '중국조선족농악무(상모춤)의 고향'이라 불리는 만큼 조선족 민속문화의 보호와 전승에 있어 특징적이다. 왕청현 상모춤은 2010년 제8회 중국민간예술절 민간광장무용 공연 부분에서 금상을 획득하였다. 2012년에는 1,050명의 상모춤꾼들이 농악무를 펼쳐 기네스북에 오르기도 했다.

용정시 어곡전 농부절은 2009년부터 용정시 개산툰진 광소촌 어곡전에서 백중날에 개최되고 있다. 농부절에서는 한 해 좋은 수확을 기원하는 풍년제를 지내고, 농부장원을 선정하여 표창한다. 농부장원은 상장과 상금을 주고 가마에 태워 마을을 한 바퀴 도는 행사를 치른다. 어곡전의 농부절과 농부절 행사 중 하나인 '풍년제'는 2009년에 성급무형문화재에 등재되었다.[16]

(3) 지역 특산물 축제

연변조선족자치주에서는 지역 특색 및 지역 특산품을 매개로 다양한 축제를 개최하고 있다. 돈화시 장백산고산두견절, 연길시 빙천할빈맥주절, 훈춘시 사구공원 모래조각절, 용정시 삼합진 송이버섯절 · 사과배꽃절 · 황소절, 훈춘시 호랑이절 · 훈춘시 반석진 맹령촌 사과따기축제, 화룡시 동성진 유기농입쌀절 등이 있다. 대표적인 지역 특산물 축제를 살펴보면 〈표 3.13〉과 같다.

16 연변일보, 2014.08.11.

표 3.13 연변조선족의 지역 특산물 축제

지역명	축제명	주요 내용
연길시	빙천할빈맥주절	맥주마시기 경기, 문예공연, 조선족 음식문화체험 등
용정시	송이버섯축제	송이버섯 및 특산물전시, 송이버섯홍보대사선발대회, 송이버섯 먹거리잔치, 민속가무공연, 송이따기체험, 러시아예술단 공연
화룡시	유기농입쌀문화축제	전통의상 퍼레이드, 조선족민속음식전, 볏짚공예품전, 벼탈곡 체험, 유기농입쌀전시

연길시 빙천할빈맥주절은 2009년부터 연길시 진달래광장에서 시작되었다. 빙천맥주는 연변의 브랜드로써 맥주절을 통하여 조선족의 음식문화 홍보, 연변과 연길시의 지명도 제고, 연길시 시민들의 여가문화 생활 제고, 지역경제 발전을 촉진하는데 기여하고 있다.[17]

용정시는 중국에서 유일한 국가급 송이버섯 자연보호구역으로써, 매년 송이버섯축제를 개최하고 있다. 용정 송이버섯은 중국뿐만 아니라 한국과 일본 등에 수출하는 등 지역의 특산물로 자리잡아가고 있다. 송이버섯축제에서는 민속가무를 비롯한 집단무용, 민속체육 등 풍부하고 다채로운 문체 종목, 러시아의 유명예술단 초청 공연, 송이버섯으로 만든 다양한 음식들을 체험할 수 있다.[18]

훈춘시는 중국, 북한, 러시아 등 3국의 접경지대에 위치하여 동북아지역에서 중요한 역할을 하고 있다. 훈춘시는 모래조각절 · 사과따기절 · 동북호랑이국제문화절 등 지역의 특성을 고려한 다양한 유형의 관광문화축제를 개최하고 있다.

화룡시 동성진 태홍촌에서는 연변지역에서 최초로 친환경 입쌀브랜드를 개발하여 농촌경제에 새로운 활력을 불어넣고 있다. 화룡시에서는 매년 추석 전에 지역대표 브랜드인 유기농입쌀을 홍보하고 지역경제 발전과 수입

17 연변일보, 2010.06.03.

18 연변일보, 2007.04.30.

증대를 위해 '유기농입쌀민속문화축제'를 개최하고 있다. 이 축제에서는 유기농입쌀 전시, 볏짚공예품전, 벼 탈곡 체험, 조선족 민속음식전, 유기농입쌀기지 참관 등 다채로운 행사를 진행하고 있다.

이와 같이 연변조선족은 지역사회에 존재하는 조선족의 전통적인 민속문화 자원, 지역의 특색 및 특산물을 활용하여 다양한 유형의 축제를 개최해오고 있다. 이러한 다양한 축제는 조선족의 민속문화를 발굴, 홍보, 전시하는데 목적을 두고 있을 뿐만 아니라 지역경제의 발전과 지역민의 수입 증대, 대외적인 지역 이미지 제고를 위한 취지에서 진행되고 있다. 다시 말해, 오늘날 연변조선족의 축제는 현대사회 축제의 흐름인 '관광문화' 축제의 성격을 띠고 있다.

2) 연변조선족의 축제에 대한 인식

연변조선족들은 지역사회에서 개최되고 있는 축제에 대해 어떻게 인식하고 있을까? 〈표 3.14〉에서 확인하듯, 전반적으로 연변조선족들은 지역축제가 조선족의 이미지는 제고하고, 조선족의 자긍심을 높여주는 것으로 생각하고 있다. 또한 축제가 민족문화를 유지하고 계승하는데 도움을 주고, 지역의 경제발전에 긍정적인 영향을 미치는 것으로 생각하고 있다. 연변조선족들은 축제가 한족을 포함하여 다른 소수민족들과 관계를 개선하는데 긍정적인 도움을 주는 것으로 인식하고 있다. 연변조선족들은 축제가 한국과 중국간의 관계를 개선하는데 도움을 주는 것으로 생각하고 있다. 그러나 연변조선족들은 조선족의 축제가 한국의 이미지를 제고하거나 한국에서 생산된 제품의 이미지를 개선하는데 상대적으로 부정적인 인식을 하고 있는 것으로 나타났다.

표 3.14 연변조선족의 축제에 대한 인식

설문내용	빈도(명)	평균	표준편차	최솟값	최댓값
나는 조선족의 축제가 조선족의 이미지를 높여준다고 생각한다.	259	4.24	.884	1	5
나는 조선족의 축제가 조선족의 자긍심을 높여준다고 생각한다.	259	4.23	.871	1	5
나는 조선족의 축제가 다른 조선족들과 친근감을 맺게 해준다고 생각한다.	259	4.18	.873	1	5
나는 조선족의 축제가 민족문화를 유지, 계승하는데 도움이 된다고 생각한다.	258	4.16	.958	1	5
나는 조선족의 축제가 지역의 경제 발전에 도움이 된다고 생각한다.	258	4.11	.964	1	5
나는 조선족의 축제가 한족 및 다른 민족들과 관계를 개선시키는데 도움이 된다고 생각한다.	258	4.12	.917	1	5
나는 조선족의 축제가 한국과 중국간의 관계를 개선시키는데 도움이 된다고 생각한다.	258	4.11	1.339	1	5
나는 조선족의 축제가 한국의 이미지를 높여준다고 생각한다.	258	3.35	1.306	1	5
나는 조선족의 축제가 한국의 제품 이미지를 높여준다고 생각한다.	258	3.28	1.336	1	5

3) 축제를 통한 모국 간 교류 활동 및 과제

조선족의 한국이주가 본격화되면서 그동안 잘 알려지지 않았던 조선족의 문화와 축제 등이 한국사회에 소개되는 것은 물론이고, 직접 방문하여 공연을 하는 사례가 점차 증가하고 있다. 여기에서는 현재 연변조선족과 모국사회 간의 다양한 차원에서 이루어지고 있는 교류 활동 현황을 살펴보겠다.

먼저, 연변조선족이 한국에 방문하여 실시한 다양한 문화예술 활동을 보면 다음과 같다. 연변조선족자치주 용정시의 문화방송신문출판국 문화교류공연단은 '2016년 화성시해양축제'에 참가하여 연변조선족 가무예술을 공연하였다. 공연단은 가야금과 민요의 하모니인 '강산을 그리며', '꽃 파는 처녀'가 공연되었고, 연변민요 '감주타령', 가야금독주 '영천아리랑', '말리화', 노

래와 춤 '행복의 가운' 등 12개 가무 프로그램을 공연하였다.[19]

연변조선족자치주는 인천에서 2009년 8월 7일부터 10월 25일까지 개최된 '2009 인천세계도시축전'에 주정부대표단과 기업경제무역대표단을 구성하여 참가하였다. 이 축제에 연변전시장을 설치하여 세계 136개 도시 대표단들과 관광객들에게 홍보하였다. 특히 인천세계도시축전조직위원회가 8월 11일을 '연변의 날'로 지정하여 연변의 국제지명도 제고와 투자상공인들을 유치하는 특별행사를 진행했다.[20]

중국 도문시는 강원도 동해시와 1995년부터 상호 우호협력 및 민간분야 교류를 활발히 해오고 있다. 도문시와 동해시는 2013년 10월 17일에 상호 우호 증진과 교류협력 활성화를 위해 '자매결연 협약식'을 체결했다.[21] 이 협약식을 통해 도문시는 동해시의 대표적인 축제인 '무릉제'에 참가하고 있으며, 동해시 또한 도문시의 축제에 참가하고 있다. 특히 도문시와 동해시는 1999년에 공무원 상호파견 근무에 관한 세부합의를 체결하여 양 도시의 공무원들이 파견 근무를 하고 있다.[22] 이외에도 양 도시는 학생들의 교류 방문 및 기업 간 교류협력 행사도 진행하고 있다.

연변조선족자치주 왕청현 상모춤 예술단은 2013년 4월 22일부터 28일까지 한국의 김해시에서 개최된 제37회 가야문화축제에 참가하여 공연을 실시하였다. 이 축제는 한국, 중국, 일본 등 여러 나라에서 참가했는데, 왕청현 상모춤 예술단은 한국에서 처음으로 국제무대에서 공연하게 되었다.[23]

길림시 조선족 군중 예술관 대표단은 한국의 김해시 가락문화제조직위원회의 초청으로 2006년 4월 12일부터 15일까지 김해시의 '제30회가락문화

---

19 인민넷, 2016.06.30.

20 모이자 커뮤니티, http://bbs.moyiza.com/?mid=crcn_debate&document_srl=1183266&page=114(검색일: 2017.02.03)

21 정치닷컴, 2013.10.17.

22 뉴스모아, 2017.02.03.

23 길림신문, 2013.05.05.

축제'에 참가하여 군무 장백송, 장고춤, 부채춤, 가무, 새타령 등의 공연을 진행했다.[24]

다음으로, 한국의 지자체들이 연변조선족자치주에 방문하여 실시한 문화예술 교류 활동을 보면 다음과 같다. 강원도는 2001년부터 요녕성내 8개 도시(심양시, 안산시, 철영시, 무순시, 단동시, 대련시, 영구시, 판진시)에 거주하고 있는 조선족들과 함께 '한-중 한겨레 가무제'를 실시해오고 있다. 이 가무제는 조선족문화예술관과 공동으로 전통문화 및 공연예술 분야의 합동공연과 경연대회를 통해 상호 간 이해 증진과 공감하는 기회를 제공하는 데 목적을 두고 있다. 특히 이 가무제는 격년으로 양국을 상호 방문하여 개최되고 있다. 2016년에는 요녕성 영구시에서 4월 25일부터 28일까지 진행되었다.[25]

강원도 동해시는 1993년 연변조선족자치주 도문시와 자매결연을 체결한 이후 양 지역 간 문화교류활동을 진행해오고 있다. 문화교류 행사에는 양 지역간 문화예술인들이 함께 문화예술교류에 관한 토론회, 문화예술단 공연, 어린이 백일장 대회, 한중교류 사진전 등이 있다. 이러한 행사의 의의는 무엇보다 양 지역의 문화에 대한 이해를 증진시키는 데 기여할 뿐만 아니라 조선족들의 삶을 이해할 수 있는 기회가 되고 있다. 동해시의 동해문화원은 2001년부터 연길시 연길문화관과 교류조인식을 맺은 이후, 짝수 해는 동해문화원이, 홀수 해는 연길문화관이 상호교환 방문하여 한-중 문화교류 활동을 진행하고 있다.[26]

강원도 양양군은 용정시와 2007년부터 우호교류 관계를 형성하여 상호교류 방문을 진행하고 있다. 용정시의 대표적 축제인 '사과배꽃축제'에 문화교류 방문단을 파견하고, '양양송이축제'에서는 용정시의 경축사절단이 방문하여 문화예술 교류 행사를 진행하고 있다.[27]

---

24 길림신문, 2006.05.20.

25 강원도 예총, http://www.artgw.co.kr/sub04_03/8874(검색일: 2017.02.03)

26 뉴스모아, 2012.09.05.

충북 제천시는 도문시와 우호협력 관계를 구축하여 문화교류 활동을 진행하고 있다. 제천시는 2015년 8월 16일에서 19일까지 도문시가 주관하는 제6회 중국 두만강 문화관광축제에 참가했다. 아울러 양 지역의 청소년, 문화예술, 체육 등 다양한 분야에서 교류활성화를 위한 방안을 모색하기도 했다.[28]

충북 옥천군은 옥천문화원과 함께 시인 정지용을 기리는 문학행사인 연변지용제에 매년 참석하고 있다. 이 행사는 1997년에 옥천군에서 지용제를 개최할 때, 연변작가협회 회원들이 참여한 것을 계기로 시작되었다. 이 문학제는 옥천문화원과 중국연변작가협회가 옥천 출신인 '향수(鄕愁)'의 시인 정지용의 문학정신을 기리고 전도유망한 조선족동포 문학인 발굴과 민족문화의 우수성을 알리기 위해 매년 연길시에서 개최되고 있다.[29]

이와 같이 연변조선족자치주의 조선족들과 한국사회는 다양한 차원에서 문화예술 교류 활동을 전개하고 있다. 이러한 연계활동은 무엇보다 상호 간의 다른 문화와 삶을 이해하는 데 좋은 기회를 제공하고 있으며, 관광을 포함한 지역경제산업의 발전을 촉진하는 데 도움이 되고 있다.

중국은 2000년대에 들어와서 국제사회에서 유네스코의 인류무형문화유산 등재 제도가 본격화되자 자국 내 소수민족 문화의 국제적 가치를 인정받기 위해 국가적 차원에서 지원 사업을 적극 펼치고 있다. 이러한 정책의 결과로 중국에서 유일하게 조선족 자치주인 연변조선족자치주에서는 조선족의 고유한 민족문화를 보존, 계승, 발전시키기 위한 다양한 축제를 개최하고 있다. 이를 통해 주내 조선족 및 다른 민족 구성원들의 조선족 문화예술 향유 기회를 확대하고, 지역적 특색을 반영한 연변조선족자치주만의 독창적인 문화관광브랜드 사업을 개발, 확장해가고 있다.[30] 다시 말해, 연변조선족사

27 인민망, 2013.05.22.

28 제천단양뉴스, 2015.08.20.

29 충북뉴스. 2015.07.30.

30 이러한 연변조선족의 노력은 중국 신화사에서 2014년에 주최한 〈제2차 관광업 융합과 혁신 론담 및 2014년 가장 아름다운 중국 관광도시 순위 발표회〉에서 연변이 "가장 아름다운 관광목적

회는 다양한 형태의 축제문화를 개최하여 조선족 특색의 민족정체성을 발현시킴과 동시에 지역경제 발전과 지역의 대외 이미지 강화를 위해 적극 노력하고 있다.

연변조선족사회는 1980년대 중반 이후 한국이라는 존재를 재인식하게 되었으며, 한국으로 이주하여 정착하는 사례가 급증하고 있다. 연변조선족자치주의 몇몇 지역에서는 한국의 지자체들과 자매결연 협약식을 맺어 다양한 차원에서 문화예술 및 경제 교류 활동을 정기적으로 개최하고 있다. 이러한 모국과의 연계활동은 연변지역의 대외인지도를 향상시키고, 조선족 특색의 민족문화예술의 해외진출을 촉진하는 계기가 되고 있다. 아울러 연변조선족과 한국간의 교류협력 플랫폼을 구축하여 공동번영과 상호 윈윈 관계를 정착시키는 데 기여하고 있다.

그러나 현재 진행되고 있는 연변조선족의 축제문화는 대부분 주, 시, 현 등 정부주도로 진행되고 있다는 점에서 일정한 한계를 가질 수밖에 없다. 즉 정부주도형의 축제는 통제와 지원이라는 이중성을 가지고 있어 지역주민들의 욕구에 부합하지 않은 방향으로 전개되기도 한다. 예컨대, 막대한 예산투입에 비해 일회적이거나 전시성 콘텐츠가 양산되면서 지역주민들의 욕구와 유리되는 현상이 일어난다.[31] 따라서 향후에는 지역주민들의 참여를 활성화시키는 방향으로 축제콘텐츠를 기획, 운영하는 노력이 요구된다.

지 도시" 명단에 등재되었다. 2013년에는 "아름다운 중국 · 레저 섭생 관광 목적지 도시"로 선정되었다. 연길뉴스, 2014.09.16.

31 강내영, "중국 문화산업 발전역정과 특징 연구: '정부주도형 시장화 발전모델'," 『중국문학연구』 제48집(2012), p.150.

3. 연변조선족의 다중정체성

1) 한국 지향

연변조선족의 정체성 중 한국 지향에 관한 구체적인 설문조사 결과를 살펴보면 아래 〈표 3.15〉와 같다. 연변조선족의 한국 지향에 관한 설문조사 결과, 전체 평균은 3.30으로 나타났다. 연변조선족들은 전반적으로 한국어로 글을 쓰는 데 큰 어려움이 없는 것으로 나타났다. 그러나 연변조선족들은 일상생활에서 한국어를 적극적으로 사용하고 있지는 않다. 특히 가족과의 대화에서 한국어를 적극 사용하고 있지는 않다. 연변조선족들은 한국문화의 유지와 계승과 관련하여 전통명절 계승, 결혼 풍습 유지, 전통음식의 이용 등에서 보통 수준으로 나타났다. 전체적으로 연변조선족의 한국 지향에 관한 평균은 3.30으로 나타났다.

표 3.15 연변조선족의 한국 지향

설문내용	빈도(명)	평균	표준편차	최솟값	최댓값
나는 한국어로 글을 쓸 수 있다.	259	3.97	1.184	1	5
나는 일상생활에서 한국어를 사용한다.	259	3.20	1.342	1	5
나는 가족과 대화에서 한국어를 사용한다.	257	3.09	1.397	1	5
나는 한국의 문화에 대해 관심이 많다.	258	3.21	1.034	1	5
나는 한국의 전통명절(설날, 추석)을 지키고 있다.	257	3.31	1.197	1	5
나는 한국의 결혼 풍습을 지키고 있다.	259	2.98	1.021	1	5
나는 한국의 전통음식을 자주 먹는다.	258	3.33	1.048	1	5

사진 3.7 중국 연길시 조선족민속원 내 장독대

2) 조선족 지향

연변조선족의 조선족 지향 관련 설문조사 결과, 전체 평균은 3.73으로 나타났다. 그중 가장 높은 평균을 나타낸 항목은 "조선족들에게 친근감을 느낀다"로써 4.10을 차지했다. 다음으로 "조선족의 전통과 문화가 보존, 계승되어야 한다고 생각한다"(4.02), "조선족의 후손이라는 사실이 자랑스럽다"(4.00), "조선족에 대해 강한 소속감을 가지고 있다(3.79)"와 "조선족의 역사, 전통, 관습 등에 대해 알려고 노력한다"(3.79), (3.76), "나의 조선족 배경에 대해 잘 알고 있다"(3.73) 순으로 나타났다. 반면, 상대적으로 평균점수가 가장 낮은 항목은 "조선족들로 구성된 조직체 또는 사회단체에 적극 참여하고 있다"가 평균 3.30으로 나타났다. 이어서 "조선족의 전통행사에 참여하고 있다"(3.34), "다른 사람에게 조선족의 역사와 문화에 대해 자주 이야기 한다"(3.47) 등이다. 이러한 사실에서 연변조선족들은 조선족들로 구성된 단체의 참여나 단체에서 주관하는 행사에 적극 참여하지 않은 것으로 이해할 수 있다.

표 3.16 연변조선족의 조선족 지향

설문내용	빈도(명)	평균	표준편차	최솟값	최댓값
나는 조선족의 전통 행사에 참여하고 있다.	259	3.34	1.008	1	5
나는 조선족의 후손이라는 사실이 자랑스럽다.	259	4.00	1.019	1	5
나는 조선족에게 친근감을 느낀다.	258	4.10	.981	1	5
나는 나의 조선족 배경에 대해 잘 안다	259	3.73	.947	1	5
나는 조선족의 역사, 전통, 관습 등에 대해 알려고 노력한다.	259	3.79	1.048	1	5
나는 주로 조선족들로 구성된 조직체 또는 사회단체(고려인협회, 문화단체 등)에 적극 참여한다.	259	3.30	1.031	1	5
나는 조선족에게 강한 소속감을 가지고 있다.	257	3.79	1.070	1	5
나는 다른 사람에게 조선족의 역사와 문화에 대해 자주 이야기한다.	259	3.47	1.046	1	5
나는 조선족의 전통과 문화가 보존, 계승되어야 한다고 생각한다.	259	4.02	.948	1	5

사진 3.8 중국 연변조선족의 백년 한옥

사진 3.9 중국 연변조선족 장구 체험

3) 중국 지향

연변조선족의 중국 국민 지향 관련 설문결과, 전체 평균은 4.09로 나타났다. 그중 가장 높은 평균을 나타낸 항목은 "조선족들이 한어를 배우고 사용해야 한다고 생각한다"로써 평균 4.32를 차지했다. 다음으로 "중국을 비하하는 기사를 보면 매우 기분이 나쁘다"(4.28), "중국의 국적을 갖는 것이 기쁘다"(4.24), "중국의 지역사회에서 구성원으로 인정받고 있다"(4.22), "중국에서 생활하는 것이 자랑스럽다"(4.19), "중국에 대한 강한 소속감을 느낀다"(4.00), "중국의 역사, 전통, 관습 등에 대해 알려고 노력한다"(4.00), "중국에 대한 강한 소속감을 느낀다"(3.99), "중국의 소수민족정책에 만족한다"(3.93) 등의 순으로 나타났다. 반면, 상대적으로 평균 점수가 낮은 항목은 "다른 사람에게 중국에 대해 자주 이야기 한다"가 평균 3.83으로 나타났고, "중국의 역

표 3.17 연변조선족의 중국 국민 지향

설문내용	빈도(명)	평균	표준편차	최솟값	최댓값
나는 중국을 비하하는 기사를 보면 매우 기분 나쁘다.	259	4.28	.855	1	5
나는 중국에서 생활하는 것이 자랑스럽다.	259	4.19	.862	1	5
나는 중국의 국적을 갖는 것이 기쁘다.	259	4.24	.877	1	5
나는 중국의 지역사회에서 구성원으로 인정받는다.	257	4.22	.879	1	5
나는 중국의 이주민정책에 만족한다.	259	3.93	.888	1	5
나는 중국의 역사, 전통, 관습 등에 대해 알려고 노력한다.	258	4.00	.906	1	5
나는 중국의 역사와 문화에 대해 잘 안다.	258	3.88	.904	1	5
나는 중국에 대한 강한 소속감을 느낀다.	257	3.99	.888	1	5
나는 다른 사람에게 중국에 대해 자주 이야기 한다.	258	3.83	.902	1	5
나는 조선족들이 한어를 배우고 사용해야 한다고 생각한다.	259	4.32	.877	1	5

사와 문화에 대해 잘 안다"가 평균 3.88로 나타났다.

요약하면, 연변조선족의 정체성은 한국 지향보다는 조선족을 지향하고 있으며, 특히 중국 국민 지향의 평균점수가 가장 높게 나타났다.[32] 이러한 사실은 다민족국가인 중국사회에서 소수자로서 위치를 가진 조선족이 주류 사회에 성공적으로 진출하기 위한 전략이라고 볼 수 있다. 예를 들면, 중국 국민 지향 8개 항목 중 "조선족들이 한어를 배우고 사용해야 한다고 생각한다" 항목의 평균점수가 4.32로 가장 높았다는 점이다.[33] 선봉규 · 김나경의 연구에서 확인되듯, 연변조선족의 문화변용 전략은 통합유형뿐만 아니라 동

32 정신철은 조선족에게는 탈한반도적인 중국 국민의식과 중국다민족가정의 일원으로서 조선족이라는 의식이 있다고 본다. 정신철, "조선족의 민족적 정체성에 관하여," 『한중미래연구』창간호, 2013, p.103.

33 이번 설문조사 응답자들의 언어 사용 수준을 보면 다음과 같다. 중국어 구사수준은 매우 못함이 10명으로 3.8%, 조금 못함이 18명으로 6.8%, 보통이 106명으로 40.3%, 조금 잘함이 86명으로 32.7%, 매우 잘함이 42명으로 16.0%, 무응답이 1명으로 0.4%이다. 반면, 조선어 구사수준은 매우 못함이 4명으로 1.5%, 조금 못함이 4명으로 1.5%, 보통이 47명으로 17.9%, 조금 잘함이 62명으로 23.6%, 매우 잘함이 130명으로 49.4%, 무응답이 16명으로 6.1%이다.

화유형이 우세하게 나타나고 있다.[34] 즉 연변조선족은 조선족의 문화와 정체성을 유지하면서 동시에 중국의 주류문화를 적극 수용하는 자세를 가지고 있다고 할 수 있다.

한편, 연변조선족이 생각하는 자신의 정체성은 어디에 가깝다고 한 설문조사 결과를 보면, '조선족' 정체성을 가지고 있다고 응답한 비율은 전체의 85.3%를 차지하고 있다. 다음으로 조선족과 한족의 정체성이 12.7%, 한국의 정체성이 1.2%, 한족의 정체성이 0.4% 순으로 나타났다. 이러한 사실은 조선족의 배우자 민족에서도 확인할 수 있다. 조선족의 배우자 민족을 보면, 전체의 77.9%가 조선족으로 가장 많았으며, 한족이 2.7%, 기타 1.5% 등이었다.

표 3.18 연변조선족이 생각하는 자신의 정체성

구분	빈도	비율
조선족	221	85.3
한족	1	0.4
조선족+한족	33	12.7
한국	3	1.2
기타	1	0.4
전체	259	100.0

34 선봉규 · 김나경(2013), p.288.

4. 연변조선족의 모국 연계 활동과 정체성

1) 연변조선족의 한국 이주와 정착

(1) 조선족의 신이주와 한국과 관계 맺기

1952년 연변조선족자치구의 성립 이래 연변조선족은 조선족의 최대 집거지로써 민족문화 및 민족교육의 발원지이자 전파자가 되었다. 그러나 1980년대 개혁개방 이후 급속한 자본주의화, 공업화, 도시화와 더불어 1992년 한·중 수교 등으로 중국의 연해 및 내륙의 대도시로 이주하거나 모국인 한국으로 이동하여 삶의 공간을 확장하고 있다.[35] 이러한 과정에서 이들은 낯선 곳에서 새로운 문화와 접촉하면서 기존에 습득해왔던 생활양식과 가치관의 차이를 경험하고 있다.

1980년대 중국사회는 개혁개방이 진행되면서 급속한 경제발전을 이루었고, 이 과정에서 연안지역을 중심으로 대도시화가 진행되었다. 이러한 중국 내부의 사회변화와 함께 1992년 한국과 중국이 수교를 이룸으로써 한국의 기업들이 중국의 연안 도시지역으로 진출하기 시작하면서 조선족의 대이동이 이루어졌다. 예컨대, 중국의 수도인 베이징, 톈진, 옌타이, 웨이하이, 산둥반도에 위치한 칭다오, 상하이, 광저우 등이 대표적인 이동지역이다.[36] 이들 지역에 정착한 조선족들은 주로 한국기업에서 통역업무를 담당하거나 한국인이 운영하는 공장의 노무직, 사무관리직의 직원으로 일하게 되었다. 이들의 위치는 중국에 진출한 한국기업들과 수직적 관계를 이루며 살게 되었으며, 베이징이나 칭다오와 같은 지역에서는 조선족 집거지를 형성하였다.

---

35 임채완 · 선봉규 외(2013), 『코리안 디아스포라: 이주루트와 기억』(성남: 북코리아), p.65.

36 2002년 한중수교 10주년이 되는 해의 신문 기사를 보면, 조선족들이 가장 많이 이동한 곳은 베이징으로 약 7만 명에서 10만 명에 이르며, 칭다오는 4만 명에서 5만 명, 상하이 및 광저우는 2만 명에서 3만 명, 텐진 및 웨이하이는 1만 명에 이른 것으로 나타났다. 이러한 수치는 200만 조선족의 약 15%에 해당된다. 동아일보, 2002.08.08.

연변조선족의 연해도시로의 대이동은 동북 3성 지역의 전통적 집거지 뿐만 아니라 신 집거지에서도 여러 가지 문제를 초래하고 있다. 연변자치주를 포함한 동북 3성 지역은 전통적으로 농촌지역이라는 특성을 가지고 있다. 그런 점에서 조선족의 이동은 민족공동체의 해체와 자치주의 존립에 위협이 되고 있다. 2002년 중국 신화통신사 보도에 의하면, 중국의 평균도시화 비율이 26.5%이지만 조선족의 도시화 비율은 45.7%로 매우 높은 것으로 나타났다.[37] 이른바 조선족의 '도시민족'으로의 변화는 민족교육의 위기를 초래하고 있다. 농촌공동체에서는 조선족학교의 폐교로 조선족 학생이 한족학교를 선택할 수밖에 없는 상황이 되었으며, 도시지역에 정착한 조선족들은 언어장애를 느끼게 되면서 자녀들을 한족학교에 보내야 했다. 또한 젊은 조선족의 이동은 농촌공동체에서 고유한 민족문화의 유지와 계승에도 영향을 미치고 있다. 이와 같이 조선족의 대도시 이동은 조선족의 고유한 문화와 언어를 상실해가는 환경을 제공하고 있다.

새로운 도시지역에 정착한 조선족들은 한국인과의 만남을 통해 관계 맺기를 시도하지만 한국인의 하대와 차별 등 경계 짓기가 이루어지면서 여러 가지 문제를 겪고 있다. 예컨대, 한국인과 조선족간의 합작으로 이루어진 기업이 실패하거나 한국인 상사원이 조선족들에게 피해를 당하는 사례들이 나타나고 있다. 이처럼 새로운 곳에서 모두 이방인인 한국인과 조선족이 공생, 협력관계를 구축하기 보다는 한국인의 취업사기나 조선족의 합작사기 등으로 갈등관계를 보여 왔다.

---

37 리상우(2007), "개혁기 중국조선족사회의 정체성에 대한 고찰: 구심력과 원심력을 중심으로," 『동아연구』53권, p.471에서 재인용.

(2) 한국의 방문취업제 도입 : 배제에서 포섭으로

연변조선족의 한국 유입은 1992년 한 · 중수교가 이루어지면서 시작되었다. 그리고 1999년 재외동포법의 제정 및 재외동포법 제정에 따른 중국조선족과 CIS지역 고려인들의 반발로 2007년 방문취업제가 도입되면서 조선족의 대이동이 본격화되었다. 재외동포법의 문제는 이 법의 실질적 적용과정에서 재미동포나 재일동포에 비해 중국조선족과 CIS지역 고려인에 대한 차별이 존재한다는 점이다. 이러한 문제로 인해 한국정부는 중국 및 CIS지역 거주 동포들에 대한 입국문호 및 취업기회를 확대하기 위해 2007년에 방문취업제를 도입하게 된 것이다.[38]

방문취업제의 시행은 연변조선족의 한국으로의 유입을 촉발했다. 2015년 7월 현재 한국에 체류하고 있는 조선족은 694,256명이다. 이중 남자는 343,520명(49.5%), 여자는 350,736명(50.5%), 한국 국적 미취득자는 581,098명으로 83.7%이며, 국적 취득자는 73,998명(혼인귀화자 34,678명, 기타귀화자 39,320명)으로 10.7%, 자녀는 총 39,160명(5.6%)이다. 국내체류 조선족의 지역별 거주 현황을 보면, 경기도에 269,078명(38.7%)로 가장 많이 거주하고 있으며, 서울특별시에 262,545명(37.8%), 인천광역시에 32,780명(4.7%)로 전체의 81.2%가 수도권에 집중 거주하고 있다. 그 이외에 충청남도에 27,020명, 충청북도에 13,748명, 경상남도에 10,238명, 경상북도에 11,777명, 울산광역시에 14,592명이 거주하고 있다.

특히 방문취업제의 실시는 국내체류 조선족의 의식에 영향을 미치고 있다. 즉 조선족의 한국 이주 초기에는 중국보다 더 나은 경제 상황 때문에 돈

---

38 방문취업제의 주요 내용으로는 첫째, 복수사증 발급: 만 25세 이상의 중국 및 CIS 지역 등 거주 동포들에 대해 5년 유효, 1회 최장 3년 체류할 수 있는 복수사증을 발급, 자유로운 출입국 가능; 둘째, 입국문호 확대: 국내 호적이나 친인척이 없는 무연고 동포들에 대해서도 입국문호를 확대, 무연고 동포에 대해서는 외국인력정책위원회에서 결정한 연간 허용인원 범위 내에서 선발(비자발급 쿼터 적용). 한국어능력시험, 추첨 등을 통해 입국 허용; 셋째, 취업기회 확대 및 절차 간소화: 방문취업(H-2)사증으로 입국한 동포들은 고용노동부 취업교육을 마치고 구직신청 후 고용지원센터의 취업알선을 받거나 특례고용가능확인서를 발급받은 사업체에 자율적으로 취업할 수 있으며 신고만으로 사업체 변경이 가능하도록 했다.

을 벌고 고향으로 되돌아가는 것이었다면, 최근에는 한국사회에 정주하겠다는 사람들이 증가하고 있는 추세이다.[39] 그러나 이들의 한국과의 만남은 연변조선족 사회의 위기를 초래하고 있다. 즉 연변조선족 사회의 위기는 젊은 층의 유출로 인구감소 현상을 겪고 있으며,[40] 이에 따라 농촌지역의 경우는 전통문화가 단절되고 조선족학교가 폐교되면서 공동체의 해체 및 민족정체성에 심각한 위기를 초래하고 있다. 아울러 부모세대들이 한국으로 이주해 감에 따라 연변지역에 남아 있는 결손자녀들의 학교생활 문제가 부상하고 있다.[41]

2) 한국에 대한 인식 및 연계 활동

이 연구에서는 연변조선족을 대상으로 한국에 대한 인식 및 경험, 그리고 연계 활동 실태를 알아보는 차원에서 빈도분석과 평균을 살펴보았다. 구체적인 설문조사 결과는 다음과 같다.

(1) 한국에 대한 인식 및 경험

첫째, 한국에 대해 어느 정도 친밀하다고 생각하는지에 대한 질문이다. 설문결과, '보통이다'라는 응답이 전체의 160명으로 60.8%를 차지했고, 다음으로 '가깝다'라는 응답이 61명(23.2%), '멀다'라는 응답이 21명(8.0%), '매우

---

39 연합뉴스, 2015.02.04.

40 1953년 연변조선족자치구의 조선족은 70.5%를 점유하고 있었으나, 2012년에는 36.7%로 하락했다. 조선족의 출산율 또한 감소하는 추세에 있는데, 1992년까지 2명을 유지했던 출산율이 2000년에 들어서는 0.7명으로 하락했다. 소수민족 비율이 30% 미만이면 자치주가 해체될 위험이 있다는 점에서 현재 연변자치주의 인구 감소 현상은 매우 우려할 수준이다. 월드코리안, 2012.11.10(http://www.worldkorean.net/news/articleView.html?idxno=8737, 검색일: 2015년 10월 24일)

41 2011년 자료에 따르면, 연변자치주의 결손가정학생은 5만여 명으로 전체 학생수의 30%를 차지하고 있는데, 이중 조선족 결손가정학생이 3만여 명으로 전체의 60%를 차지하고 있다. 이러한 결손가정자녀의 급증으로 연변 주 교육부문 4대 중점과제중의 하나로 '결손가정자년교양사업'이 채택되었다. 연변일보, 2011.12.20.

가깝다'라는 응답이 20명(7.6%), '매우 멀다'라는 응답이 1명(0.4%) 순으로 나타났다.

표 3.19 한국에 대한 친밀도

구분	빈도(명)	비율(%)
매우 가깝다	20	7.6
가깝다	61	23.2
보통이다	160	60.8
멀다	21	8.0
매우 멀다	1	0.4

둘째, 5년 동안 한국을 얼마나 방문했는지에 대한 질문이다. 설문조사 결과, '없다'라는 응답이 108명으로 41.1%를 차지했고, 다음으로 '2~3년에 1회 방문'이라는 응답이 94명(35.7%), '필요할 때 자주 방문'이라는 응답이 23명(8.7%), '매년 1회 방문'이라는 응답이 22명(8.4%), '1년에 2~3회 방문'이라는 응답이 16명(6.1%)으로 나타났다.

표 3.20 한국 방문 경험

구분	빈도(명)	비율(%)
없다	108	41.1
2~3년에 1회 방문	94	35.7
매년 1회 방문	22	8.4
1년에 2~3회 방문	16	6.1
필요할 때 자주 방문	23	8.7

셋째, 현재 한국에 가족이나 친척이 살고 있는지에 대한 질문이다. 설문조사 결과, 한국에 가족이나 친척이 살고 있는 경우는 226명으로 86.6%를

차지한 반면, 없는 경우는 35명으로 13.4%이다. 이러한 사실은 연변지역에 거주하고 있는 조선족들의 대부분은 간접적으로나마 한국과의 만남이 이루어지고 있음을 알 수 있다.

표 3.21 한국에 가족 및 친척 거주 여부

구분	빈도 (명)	비율 (%)
있다	226	86.6
없다	35	13.4

(2) 한국과의 연계 활동

연변조선족이 한국과의 연계 활동이 어느 정도 이루어지고 있는지 살펴보았다. 한국과의 연계 활동은 직접적 연계 활동과 간접적 연계 활동으로 구분하였다. 구체적인 설문조사 결과는 다음과 같다. 직접적인 연계 활동은 평균 1.59이며, 간접적 연계 활동은 평균 2.87로 나타났다.

요약하면, 연변조선족들은 간접적인 연계 활동을 중시하고 있으며, 특히 한국의 대중문화, 이른바 한류에 대한 관심과 향유가 상대적으로 높게 나타났다(평균 3.20).[42] 아울러 한국과의 경계지역이면서 한국인들이 많이 진출하고 있는 연변지역의 지리적 특성상 한국 관련 정보 등을 잘 활용하고 있는 것으로 이해된다.

---

42 중국조선족의 한류 인식에 대한 자세한 사항은 선봉규(2014), "중국조선족과 재일코리안의 한류(Korean Wave) 인식에 관한 연구," 『한국동북아논총』 제19집 4호 참조.

표 3.22 한국 연계 활동에 대한 기술적 통계량

측정 항목		빈도(명)	평균	표준편차	최솟값	최댓값
직접적 연계 활동	한국의 단체나 조직의 모임에서 활동한 적이 있다.	263	1.53	.984	1	5
	한국의 정치에 관여하거나 활동한 적이 있다.	263	1.43	.913	1	5
	한국의 단체나 조직의 프로그램에 자녀를 보낸 적이 있다.	263	1.67	1.125	1	5
	한국의 축제, 문화 활동에 참여한 적이 있다.	262	1.74	1.136	1	5
	전체	263	1.59	.897	1	5
간접적 연계 활동	한국에 있는 가족, 친척으로부터 돈이나 선물을 받았다.	263	2.95	1.229	1	5
	한국의 신문, 잡지, 인터넷 사이트 등을 자주 보고 있다.	262	2.67	1.284	1	5
	한국에 있는 가족, 친척에게 돈이나 선물을 보낸 적이 있다.	262	2.64	1.214	1	5
	한국의 TV드라마, 영화 K-pop을 자주 접하고 있다.	263	3.20	1.258	1	5
전체		263	2.87	1.028	1	5

3) 한국 연계 활동과 정체성 간 영향 관계

이 연구에서는 한국 연계 활동과 정체성이 어떻게 서로 관련되어 있는가를 알아보기 위해 피어슨의 상관계수를 살펴보았으며, 한국 연계 활동이 정체성에 미치는 영향을 살펴보았다.

(1) 상관관계

독립변수인 한국 연계 활동의 하위 두 가지 영역(직접적 연계 활동, 간접적 연계 활동)과 종속변수인 연변조선족의 정체성의 하위 두 가지 영역(조선족 지향, 중국 국민 지향)의 상관관계를 분석한 결과는 〈표 3.23〉과 같이 나타났다.

표 3.23 한국 연계 활동과 정체성의 상관관계분석 결과

구분	한국 연계 활동		정체성	
	직접적 연계 활동	간접적 연계 활동	조선족 지향	중국 지향
직접적 연계 활동	1			
간접적 연계 활동	.405***	1		
조선족 지향	.125*	.228***	1	
중국 국민 지향	-.016	.125*	.686***	1

주) ***p<.001

상관관계분석 결과, 한국과의 간접적인 연계 활동과 연변조선족의 정체성간의 상관관계가 통계적으로 유의미한 것으로 나타났다.

(2) 한국 연계 활동과 정체성 간 영향관계

연변조선족의 정체성에 대한 인구사회학적 특성, 한국 연계 활동의 설명력을 파악하기 위하여 위계적 회귀분석을 실시한 결과는 〈표 3.24〉와 같다. 먼저 1단계에서 인구사회학적 변인을 독립변인으로 투입했으며, 투입된 변인들은 전체 정체성의 14.9%를 설명하며 통계적으로 유의미했다. 2단계에서는 한국 연계 활동 즉, 직접적 연계 활동과 간접적 연계 활동을 추가 투입했을 때, 7.4%가 증가하여 전체 정체성의 22.3%를 설명했으며, 통계적으로 유의미하였다. 1단계 투입한 인구사회학적 특성은 조선어 수준을 제외하고는 모두 통계적으로 유의미하지 않았다. 즉 연변조선족의 조선어 수준이 높을수록 정체성이 높게 나타났다. 2단계 투입한 한국 연계 활동 중에는 직접적 연계 활동(β=.112, p>.05)의 설명력이 통계적으로 유의미하지 않았으며, 간접적 연계 활동(β=.219, p<.001)의 설명력이 통계적으로 유의미하였다. 이러한 결과에서 확인할 수 있는 것은 연변조선족의 정체성에 영향을 주는 요인으로 조선어 수준과 간접적 연계 활동이며, 성별 · 한국 방문 경험 · 연령 · 학력 · 연소득 · 중국어 수준은 상관이 없다는 것을 설명하고 있다.

표 3.24 연변조선족의 정체성에 대한 위계적 회귀분석 결과

예측변인	모형 1				모형 2			
	B	SE	β	t	B	SE	β	t
상수	2.708	.334		8.099***	2.296	.334		6.871***
성별(남=1, 여=0)	.042	.077	.034	.546	.049	.074	.040	.664
한국방문경험 (없음=1, 있음=0)	-.073	.082	-.057	-.894	-.117	.079	-.092	-1.476
연령	-.001	.003	-.020	-.281	.001	.003	.023	.347
학력	.018	.028	.044	.638	.015	.027	.037	.559
연소득	.004	.046	.005	.078	-.028	.045	-.040	-.628
중국어 수준	.050	.043	.080	1.156	.066	.042	.106	1.588
조선어 수준	.229	.043	.347	5.353***	.203	.044	.308	4.618***
직접적 연계 활동					.074	.046	.112	1.613
간접적 연계 활동					.135	.043	.219	3.123***
F	5.593***				7.070***			
R^2	.149				.223			
수정된 R^2	.122				.191			
F 변화량	5.593***				10.570***			
R^2 변화량	.149				.074			

주) 종속변수(상수): 정체성, ***p〈.001
주) B: 비표준화회귀계수, SE: 표준오차, β: 표준화회귀계수

요컨대, 연변조선족의 정체성은 한국과의 간접적인 연계 활동, 즉 한국에 거주하고 있는 가족 및 친인척의 도움, 한국 문화의 향유, 한국 관련 정보 습득 등에 영향을 받은 것으로 나타났다. 이러한 사실에서 한국은 연변조선족과의 관계 설정을 하는데 있어서 한류 및 미디어와 같은 소프트파워를 적극적으로 활용하면서 문화 교류 및 연계 활동을 강화해 나가야 한다.

5. 연변조선족의 한국 통일공공외교 인식

1) 통일공공외교의 개념

최근 한국사회에서 공공외교에 관한 정책적, 학술적 차원의 관심과 논의가 본격적으로 이루어지고 있다. 공공외교에 대한 개념은 다음과 같이 정의할 수 있다.[43] 첫째, 일국 정부가 자국의 국가적 목표와 정책, 사상, 제도, 문화 등에 대한 이해를 증진시키기 위해 타국의 정부 및 국민과 의사소통하는 과정, 둘째, 자국의 외교정책 목표를 지지하도록 타국의 정부 및 국민을 설득하고 그들에게 정보를 제공하며 영향을 미치기 위한 일련의 노력, 셋째, 소프트파워를 통해 외교적 목표의 달성 및 국가 능력의 제고를 위한 이미지 창조 과정 등이다. 공공외교는 전통적 의미의 외교가 정부 간 협상을 대상으로 하는 것과 달리 기업, 비정부기구, 대학, 언론 등 민간영역의 활동을 포함하고 있다.

한국정부는 2010년을 공공외교의 원년으로 설정하였고, 같은 해 5월에 한국국제교류재단에 공공외교 관련 상설 자문기구인 '한국공공외교포럼' 창설, 2011년 9월에 공공외교 대사직 신설, 2012년 1월에 외교부 문화외교국 산하에 공공외교정책과를 설치했다.[44] 한국정부는 2014년 10월에 외교부 산하 한국국제교류재단을 포함하여 폴란드, 헝가리, 포르투갈, 필리핀, 나이지리아, 싱가포르, 스웨덴, 터키 등 9개 중견국 공공외교 대표기관의 네트워

---

43 Hans N. Tuch, *Communicating with the World: US Public Diplomacy Overseas* (New York: St. Martin's Press, 1990), 3; The United States Advisory Commission on Public Diplomacy. "Getting the People Part Right: A Report on the Human Resources Dimension of U.S. Public Diplomacy", 2008, 6; John T. Rourke, *International Politics on the World Stage* (Boston: McGraw-Hill, 2006), 256; 한국정치학회(2014), 『통일한국 공공외교 제도화 방안 연구』 (서울: 통일부), p.6에서 재인용.

44 진행남(2013), "중견국의 소프트파워 증진 방안: 한국의 공공외교를 중심으로," 『jpi정책포럼』 2013-03, (제주: 제주평화연구원), p.7

크인 '글로벌 공공외교 네트워크(Global Public Diplomacy Network)'를 구축했다.[45]

한국은 공공외교 관련 조직을 정비하고 공공외교 역량 강화를 위한 다양한 프로그램을 추진하고 있지만 몇 가지 점에서 아쉬운 부분이 존재한다.[46] 첫째, 공공외교를 추진하는 부처 간 정책 조율이나 정보 공유가 제대로 안 되고 있다는 점이다.[47] 둘째, 전략적 공공외교에 대한 정책의지나 프로그램이 빈약하다. 한류(korean wave)의 확산 이후 공공외교의 콘텐츠에 있어 대중문화가 상당한 비중을 차지하고 있다. 최근 전개되고 있는 미국, 중국, 일본 등과의 주요 현안을 슬기롭게 극복하기 위해서 즉흥적이고 단기적인 대응보다 전략적 접근이 매우 필요한 시점이다.

한국정부의 국가적 목표 중 한반도의 평화통일 문제는 국제사회의 공감대와 지지가 형성되어야만 해결될 수 있는 과제이다. 그런 점에서 한반도 통일에 대한 국제적 지지를 보다 효과적으로 확보하고 확산시키기 위해서는 통일 관련 공공외교를 체계적이고 지속적으로 추진해야 한다. 통일공공외교는 내용적 차원의 통일외교와 방법론적 차원의 공공외교 간의 결합이라 할 수 있다.[48] 구체적으로 통일공공외교는 "한국정부 및 민간이 소프트파워를 자산으로 타국의 정부 및 국민, 그리고 국제사회를 대상으로 한반도 통일의 정당성과 당위성에 대한 자발적 이해와 공감, 그리고 지지를 획득하기 위하여 열린 소통과정을 통해서 대북정책 및 한반도 평화, 통일에 대한 한국의 입장을 알리고 설득하는 비전통적 외교 활동"으로 정의할 수 있다.[49]

통일공공외교의 목표는 한반도의 평화통일을 실현하기 위해 국제사회

---

45 인교준, "중견국 공공외교 대표기관 네트워크 'GPD넷' 출범," 연합뉴스, 2014.10.22.

46 이숙종, "조정과 전략 필요한 한국의 공공외교," 동아일보, 2015.10.13.

47 한국의 공공외교의 체계는 아직까지 통합적이고 효율적이지 못한 실정이며, 이에 관한 연구도 초보수준에 있다는 평가를 받고 있다. 전병곤 외(2013), 『한국의 대중국 통일공공외교 실태』 pp.4-5.

48 한국정치학회(2014), 『통일한국 공공외교 제도화 방안 연구』, p.3.

49 황병덕 외(2013), 『한반도 통일공공외교 추진전략 II-한국의 주변4국 통일공공외교의 실태 연구』 (서울: 통일연구원), p.50.

의 지지와 협력을 이끌어내는 것이라는 점에서 세계 곳곳에 거주하고 있는 재외동포들의 역할이 중요하다. 재외동포는 한반도 평화통일에 대한 한국 정부의 입장과 정책을 거주국의 정부와 국민들에게 전달하는 교량자로서의 지위를 가지고 있다. 따라서 한국정부는 국제사회의 통일공감대 확산을 위해 720만 재외동포의 특수한 지위를 적극 활용해야 한다. 한 연구자의 평가처럼, 세계 곳곳에 거주하고 있는 재외동포들은 이미 공공외교의 중요한 역할을 하고 있으며, 한반도 통일에 대한 국제사회의 지지를 확대하는 데 실질적인 역할을 할 것으로 기대하고 있다.[50]

2) 한국의 대 중국 통일공공외교

한국과 중국은 1992년 8월 24일 수교 이후 현재에 이르기까지 양국 간의 외교관계는 점진적으로 발전하는 양상을 보이고 있다. 다만, 한반도의 통일 관련 외교는 중국과 북한과의 관계, 한국과 미국과의 관계 등 동북아지역의 역학관계에 따라 지속적이고 안정적으로 진행되지 못한 측면이 크다. 그동안 한국의 중국에 대한 통일공공외교 추진 주체 및 활동을 살펴보면 크게 세 가지 영역으로 나누어 살펴볼 수 있다.

첫째, 정부기관의 통일공공외교 활동은 통일부를 비롯하여 외교부, 대통령 직속 자문기구인 민주평화통일자문회의[51] 등을 통해 다양한 통일 관련 프로그램을 개발, 운영하고 있다. 통일부에서는 통일연구원과 통일교육원을 중심으로 통일관련 연구 및 통일교육을 전담으로 진행하고 있다. 외교부에서는 통일친화적인 외교안보환경을 조성하기 위해 다양한 외교활동을 벌

50 이진영(2014), "통일과 글로벌 코리안 네트워크의 구축: 재외동포와 신뢰프로세스," 『문화와 정치』 창간호, p.75.

51 민주평통은 사이버 외교사절단 반크와 공동으로 '글로벌 통일공공외교대사'라는 프로그램을 운영하고 있다. 이 프로그램은 2014년 5월 8일 업무 협약식을 한 후, 2015년 12월 29일까지 6기까지 진행되었다.

표 3.25 한국의 대 중국 통일공공외교 주체

영역	주체	
트랙1 (정부 및 국회)	정부	통일부, 외교부, 민주평화통일자문회의
	국회	한·중의원외교협의회
트랙1.5 (국책연구소)	공공기관	한국국제교류재단, 한중전문가공동연구위원회, 동북아시대위원회 등
	미디어	아리랑TV, KBS World 등
트랙2 (학계 및 민간단체)	대학	북한대학원대학교, 서울대 통일평화연구소, 성균관대 동아시아학술원 성균중국연구소, 한양대 중국문제연구소 등
	기업	SK 한국고등교육재단
	민간단체	21세기한중교류협회, 한중친선협회, 한중문화협회, 한중우호협회, 한중교류협회 등
	개인	한국민, 재외동포

출처: 전병곤 외(2013), pp.39-40.

이고 있다. 또한 국회에서는 2013년 3월에 설립된 '한·중의원외교협의회'[52]를 중심으로 의회차원의 외교활동을 전개하고 있다. 2014년 2월에는 중국 전국인민대표대회 초청으로 여야 의원 40여명이 베이징과 상하이를 방문하여 한·중 양국 우호협력관계 증진, 북한 핵문제 및 동아시아 평화협력 문제 등 한반도를 둘러싼 전반적인 외교현안에 대해 논의를 진행한 바 있다.[53]

둘째, 국책연구소 등 공공기관의 통일공공외교 활동은 한국국제교류재단(KF, Korea Foundation)[54]과 한·중전문가공동연구위원회, 그리고 아리랑TV, KBS World 등 방송매체를 통해 이루어지고 있다. KF에서는 대표적으로 한·중미래포럼과 한·중공공외교포럼을 운영하고 있다. 한·중미래포럼

52 한·중의원외교협의회는 한중관계가 단순한 경제동맹을 넘어 평화, 인권, 국제법 준수 등 인류의 보편적 가치를 공유하는 것을 목적으로 설립되었다.

53 온라인뉴스팀, "정몽준 단장 여야의원 40여명 중국 방문," 미디어펜, 2014.2.19.

54 한국국제교류재단은 국제사회에서 한국에 대한 올바른 인식과 이해 제고 및 국내외 여론주도층 인사들 간의 인적 네트워크 형성을 통한 미래지향적인 협력관계 발전을 도모하기 위하여 세계 주요 국가들과 지속적이고 제도화된 양자·다자 대화채널을 운영하고 있다. 한국국제교류재단, 검색일 2016년 10월 15일, https://www.kf.or.kr/?menuno=3931&kflnbindex=.

은 1993년 KF와 중국인민외교학회가 양국의 여론주도층 인사들이 참여하는 상설대화기구 구성에 합의함에 따라 설립되었다. 이 포럼은 양 기관이 주최기관이 되어 1994년 베이징에서 제1차 회의를 개최한 이래 매년 양국을 오가며 진행되고 있다. 한·중공공외교포럼은 2013년 6월 한·중 정상회담 시 양국 정상의 합의에 따라 같은 해 9월 24일에 서울에서 제1차 포럼이 개최된 이래 매년 양국을 오가면서 진행되고 있다.[55]

셋째, 학계 및 민간단체의 통일공공외교 활동은 북한대학원대학교, 서울대 통일평화연구소, 성균관대 동아시아학술원 성균중국연구소, SK 한국고등교육재단, 21세기한중교류협회, 한중문화협회 등을 중심으로 이루어지고 있다. 성균관대 동아시아학술원 성균중국연구소는 2014년부터 중국 길림대학 공공외교학원과 공동으로 '한중공공외교연구포럼'을 개최해오고 있다. 21세기한중교류협회는 2000년 11월 29일에 중국에서 제2외교부라 일컬어지는 중국인민외교학회와 자매결연을 체결하면서 공동으로 한중 양국의 현안들을 해결하고 양국의 우호증진과 동북아의 평화와 안정을 위한 다양한 활동을 벌이고 있다.

이와 같이 한국의 대 중국 통일공공외교는 정부 및 국회, 정부산하 국책기관 및 미디어, 학계 및 민간부문 등의 영역에서 중국의 지도자와 국가기관을 대상으로 추진되어 왔다. 그러나 대 중국 통일공공외교는 중국을 포함하여 국제사회의 한반도 통일환경 조성에 만족할만한 성과를 획득하지 못한 것으로 평가되고 있다.[56] 특히 한국정부는 통일공공외교 추진 주체 중 조선족의 역할을 충분히 인식하지 못하는 것으로 드러났다.[57] 즉 한국정부는 임시변통적 수준에서 조선족정책을 시행해 왔을 뿐, 통일이라는 전략적인 차

55 한·중 외교부가 공동 주최하고 KF와 중국공공외교협회가 주관기관으로 참여하고 있다.

56 전병곤 외(2013), p.40.

57 리단(2015), "한반도 통일 공공외교: 중국 조선족동포의 역할을 중심으로,"『재외한인연구』제35호, p.116.

원에서 조선족사회를 인식하고 포용하려는 자세가 부족했다는 것이다.[58]

(1) 한반도 통일과 연변조선족

중국 연변조선족은 한반도 통일과정에서 중요한 존재로 부각되고 있으며, 그들의 역할에 대해 다양하게 불리고 있다. 예컨대, '남북갈등의 중재자 · 화해자', '남북 사회통합의 매개자', '평화의 전령사', '통일의 교량', '통일의 메신저' 등이다. 이러한 용어들에서 볼 수 있듯이, 조선족은 한반도 통일과정에서 중요한 남과 북 주민들 간의 문화충돌과 이질감을 극복하는 데 매개 역할을 할 것으로 기대되고 있다.[59]

한반도 통일과정에서 연변조선족의 역할에 관한 선행연구들을 살펴보면 다음과 같다. 임채완은 연변조선족들이 남북관계나 한반도 통일에 대해 높은 관심을 가지고 있을 뿐만 아니라 통일과정에서 중요한 역할을 수행할 위치에 있다고 본다. 그런 점에서 한국정부는 중국사회에 한반도의 통일공감대 확산을 위해 연변조선족들에게 일정한 역할을 부여할 필요가 있다고 주장한다.[60] 우병국은 중국 조선족사회가 한반도와 특수한 관계-지리적 인접성, 문화적 배경의 동질성, 인적 유대 관계-를 맺고 있기 때문에 남북관계와 한반도 통일에서 매개자의 역할을 수행해왔다고 본다. 특히 조선족은 한반도의 통일과정에서 남한간의 불신과 적대감을 해소하는 역할 뿐만 아니라 인도적 사업과 북한의 개혁개방을 촉진하는 매개체의 역할을 할 수 있을 것으로 보고 있다.[61] 박동훈 · 안화선은 조선족이 중국의 소수민족 신분이기 때문에 남북관계에 정치적 영향력을 행사하는데 제한적이기는 하지만, 남북

---

58 최우길(2011), "남북관계와 중국 조선족 사회: 한국체류 조선족 청년에 대한 의식조사를 중심으로," 『디아스포라연구』 제5권 제1호, p.30.

59 이장한, "통일의 교량으로써 조선족을 주목한다", 유코리아뉴스, 2014 8.25.

60 임채완(2002), "연변조선족의 북한, 통일관 조사연구," 『한국과 국제정치』 18권 4호. pp.196-197.

61 우병국(2010), "남북교류 활성화와 재중동포사회의 역할: 현황, 한계 및 전망," 『동서연구』 22권 1호, p.361.

간 교류과정에서 나타나는 문제점들을 해소하는데 중립적 동족집단이라 할 수 있는 조선족의 역할이 중요하다고 본다.[62] 최우길은 조선족이 한반도의 통일을 바라는 것은 한 민족이라고 하는 당위적인 측면도 있지만, 조선족과 남북 간의 경제적 연계로 인해 한반도의 발전이 곧 자신들의 발전과 직결된다는 점에서 한반도 통일과정에 참여해야 하는 것을 당연하게 받아들인다고 보고 있다.[63] 리단은 최근의 연구에서 중국조선족은 중국에서의 사회주의문화와 한국에 이주, 정착하여 한국의 문화를 수용하게 되면서 독특한 문화를 체험하고 있으며, 재외동포 중 남북 양측으로 자유롭게 진출하고 있다는 점에서 한반도 통일공공외교에서 주목할 만한 역할을 발휘할 것이기에 한국정부의 정확한 인식과 지원이 필요하다고 강조한다.[64]

최근 연변조선족은 한국을 포함하여 일본, 미국, 유럽 등 이주의 글로벌화를 경험하고 있다. 조선족 중 일부는 중국으로 귀국하기도 하지만 한국, 일본, 미국 등 현지 사회에 정착하여 자신들의 공동체를 결성하고, 서울의 가리봉동이나 대림동 사례처럼 하나의 집거지를 형성하고 있다. 그런 점에서 이들은 중국의 조선족이라기보다는 재한조선족, 재일조선족, 재미조선족 등으로 불리고 있다.[65] 다시 말해, 조선족들은 초국적 이주로 국제인으로서의 지위와 역량을 갖추게 되었다고 할 수 있다. 이러한 조선족의 글로벌화는 국제사회에서 한반도 통일의 공감대를 확산하고 지지를 이끌어내는데 중요한 역할을 발휘할 것으로 기대된다.

62 박동훈 · 안화선(2012), "중국조선족의 초국가적 활동과 한반도: 디아스포라의 초국가적 성격에 관한 시각을 중심으로," 『평화학연구』 제13권 1호, pp.196-197.

63 최우길(2011), p.30.

64 리단(2015), p.120.

65 최우길(2014), "조선족 정체성 다시 읽기: 세 차원의 의식에 관한 시론," 『재외한인연구』 34호, p.119.

(2) 통일공공외교의 인식 및 경로

연변조선족의 한국의 대 중국 통일공공외교의 인식 및 경로 실태를 살펴보면 다음과 같다. 첫째, "한국의 대 중국 통일공공외교가 효과적으로 추진되고 있다고 생각하는가"에 대한 질문이다. 설문조사결과, '보통이다'라는 응답이 180명(69.5%)으로 가장 높은 비율을 차지했고, '대체로 그렇다'가 35명(13.5%), '그렇지 않다'가 30명(11.6%), '전혀 그렇지 않다'가 12명(4.6%), '매우 그렇다'가 2명(0.8%) 순으로 나타났다. 이러한 결과는 통일연구원의 전문가집단 조사결과에 비해 조금은 다르게 나타났다. 즉 긍정적 답변이라 할 수 있는 '대체로 그렇다' 이상의 응답 결과를 보면, 전문가 집단은 39.5%를 차지한 반면, 연변조선족은 14.3%에 불과한 것으로 나타났다.

표 3.26 대 중국 통일공공외교의 효과적 추진

구분	빈도(명)	비율(%)	합계
전혀 그렇지 않다	12	4.6	259 (100.0)
그렇지 않다	30	11.6	
보통이다	180	69.5	
대체로 그렇다	35	13.5	
매우 그렇다	2	0.8	

둘째, "한국의 대 중국 통일공공외교를 주로 어떤 경로를 통해 접하는가"에 대한 질문이다. 설문조사결과, '인터넷'이라는 응답이 137명(48.1%)으로 가장 많았고, '언론매체'라는 응답이 113명(39.6%), '가족 및 친구'라는 응답이 19명(6.7%), '정책홍보지'라는 응답이 12명(4.2%), '교사 및 교과서'라는 응답이 4명(1.4%) 순으로 나타났다. 통일연구원의 전문가집단의 조사결과는 '언론매체'가 42%, '인터넷'이 38%, '정책홍보지'가 16%로 나타났다.

표 3.27 대 중국 통일공공외교 정보 경로(다중응답)

구분	빈도(명)	비율(%)	합계
정책홍보지	12	4.2	285 (100.0)
언론매체	113	39.6	
인터넷	137	48.1	
가족 및 친구	19	6.7	
교사 및 교과서	4	1.4	

(3) 통일공공외교의 대상 및 활동

한국의 대 중국 통일공공외교의 추진 대상 및 활동 실태를 살펴보면 다음과 같다. 첫째, "한국의 대 중국 통일공공외교를 추진하는데 누구를 대상으로 해야 하는가"에 관한 질문이다. 설문조사결과, '일반 국민'이라는 응답이 81명(27.7%)으로 가장 많았고, '정치인'이라는 응답이 66명(22.6%), '언론'이라는 응답이 65명(22.3%), '정부관료'라는 응답이 52명(17.8%), '학자/전문가'라는 응답이 28명(9.6%) 순으로 나타났다. 통일연구원의 전문가집단의 결과는 '학자/전문가'가 30.0%로 가장 많았고, '정치인'이 24%, '일반 국민'이 17%, '언론'이 16%, '정부관료'가 13% 순으로 나타났다.

표 3.28 대 중국 통일공공외교 추진 대상(다중응답)

구분	빈도(명)	비율(%)	합계
정치인	66	22.6	292 (100.0)
정부관료	52	17.8	
학자/전문가	28	9.6	
언론	65	22.3	
일반 국민	81	27.7	

둘째, "한국의 대 중국 통일공공외교가 어느 분야에서 가장 활발하게 전

개되고 있다고 생각하는가"에 대한 질문이다. 설문조사결과, '한반도의 평화와 안정 증진'이라는 응답이 105명(38.2%)으로 가장 많았고, '동북아의 평화와 안정 증진'이라는 응답이 81명(29.4%), '북한 핵 문제 해결의 필요성 홍보'라는 응답이 49명(17.8%), '한반도 통일의 필요성 홍보'라는 응답이 40명(14.6%) 순으로 나타났다. 통일연구원의 전문가집단의 결과는 '북한 핵 문제 해결의 필요성 홍보'가 53%로 가장 많았고, '한반도의 평화와 안정 증진'이 26%, '동북아의 평화와 안정 증진'이 13%, '한반도 통일의 필요성 홍보'가 8% 순으로 나타났다.

표 3.29 대 중국 통일공공외교의 가장 활발한 분야(다중응답)

구분	빈도(명)	비율(%)	합계
북한 핵 문제 해결의 필요성 홍보	49	17.8	275 (100.0)
한반도의 평화와 안정 증진	105	38.2	
동북아의 평화와 안정 증진	81	29.4	
한반도 통일의 필요성 홍보	40	14.6	

셋째, "한국의 대 중국 통일공공외교 추진에서 가장 장애가 되는 요인은 무엇이라고 생각하는가"에 대한 질문이다. 설문조사결과, '북한의 폐쇄정책'이라는 응답이 104명(30.3%)으로 가장 많았고, '남북한 상호 불신'이라는 응답이 86명(25.1%), '북한 핵 문제'라는 응답이 67명(19.5%), '남북한 주민의 통일에 대한 거부감'이라는 응답이 41명(12.0%), '주변국의 우려'라는 응답이 34명(9.9%), 기타가 11명(3.2%)으로 나타났다. 통일연구원의 전문가집단의 결과는 '남북한 상호 불신'이 50%로 가장 많았고, '북한 핵 문제'가 24%, '주변국의 우려'가 13%, '북한 폐쇄정책'이 10%, 기타 3% 순으로 나타났다.

표 3.30 대 중국 통일공공외교 추진의 장애요인(다중응답)

구분	빈도(명)	비율(%)	합계
북한 핵 문제	67	19.5	343 (100.0)
북한의 폐쇄정책	104	30.3	
남북한 상호 불신	86	25.1	
남북한 주민의 통일에 대한 거부감	41	12.0	
주변국의 우려	34	9.9	
기타	11	3.2	

(4) 통일공공외교의 효과

한국의 대 중국 통일공공외교가 어떤 부분에서 영향을 미쳤는지에 대해 실태를 살펴보면 다음과 같다. 첫째, "한국의 대 중국 통일공공외교가 조선족들이 한반도 상황과 한반도 통일관련 실태를 파악하는 데 도움이 되었는가"에 대한 질문이다. 설문조사결과, '보통이다'라는 응답이 178명(68.7%)으로 가장 많았고, '도움을 주지 않았다'라는 응답이 40명(15.4%), '조금 도움을 주었다'라는 응답이 28명(10.8%), '전혀 도움을 주지 않았다'라는 응답이 11명(4.2%), '매우 도움을 주었다'라는 응답은 2명(0.8%) 순으로 나타났다. 통일연구원의 전문가집단의 결과는 '매우 도움을 주었다'라는 응답이 45.8%, '조금 도움을 주었다'라는 응답이 20.8%로 나타나 연변조선족의 결과와 상이하게 나타났다.

표 3.31 대 중국 통일공공외교가 한반도 상황 및 한반도 통일 이해에 미치는 영향

구분	빈도(명)	비율(%)	합계
전혀 도움을 주지 않았다	11	4.2	259 (100.0)
도움을 주지 않았다	40	15.4	
보통이다	178	68.7	
조금 도움을 주었다	28	10.8	
매우 도움을 주었다	2	0.8	

둘째, "한국의 대 중국 통일공공외교가 조선족들에게 어떤 부분에서 영향을 미쳤다고 생각하는가"에 대한 질문이다. 설문조사결과, '한반도 통일의 중요성'이라는 응답이 84명(27.6%)으로 가장 많았고, '동북아지역 안정의 중요성'이라는 응답이 74명(24.3%), '북한 핵 위협'이라는 응답이 72명(26.7%), '한반도의 안보 상황'이라는 응답이 49명(16.1%), '북한 체제의 성격'이라는 응답이 25명(8.2%) 순으로 나타났다. 통일연구원의 전문가집단의 결과는 '한반도의 안보 상황'이 가장 많았으며, 다음으로 '북한 핵 위협', '동북아 지역 안정의 중요성', '한반도 통일의 중요성', '북한체제의 성격' 순으로 나타났다.

표 3.32 대 중국 통일공공외교가 한반도 인식에 도움을 준 내용(다중응답)

구분	빈도(명)	비율(%)	합계
한반도의 안보 상황	49	16.1	304 (100.0)
북한 핵 위협	72	26.7	
한반도 통일의 중요성	84	27.6	
동북아지역 안정의 중요성	74	24.3	
북한 체제의 성격	25	8.2	

셋째, "한국의 대 중국 통일공공외교가 조선족들이 한반도 통일에 도움을 주어야겠다고 생각하도록 유도하는 데 효과적이었다고 생각하는가"에 대한 질문이다. 설문조사결과, '보통이다'라는 응답이 187명(72.8%)으로 가장 많았고, '그렇지 않다'라는 응답이 25명(9.7%), '대체로 그렇다'와 '전혀 그렇지 않다'라는 응답이 각각 21명(8.2%), '매우 그렇다'라는 응답이 3명(1.2%) 순으로 나타났다. 통일연구원의 전문가집단의 결과는 '보통이다'라는 응답이 44.7%로 가장 많았고, '그렇다'라는 응답이 28.9%, '그렇지 않다'라는 응답이 21.1%, '매우 그렇다'와 '전혀 그렇지 않다'라는 응답이 각각 2.6%로 나타났다.

표 3.33 대 중국 통일공공외교의 한반도 통일 기여 효과

구분	빈도(명)	비율(%)	합계
전혀 그렇지 않다	21	8.2	257 (100.0)
그렇지 않다	25	9.7	
보통이다	187	72.8	
대체로 그렇다	21	8.2	
매우 그렇다	3	1.2	

(5) 통일공공외교의 향후 방향

향후 한국의 대 중국 통일공공외교의 방향에 대한 실태를 살펴보면 다음과 같다. 첫째, "한국의 대 중국 통일공공외교가 중점을 두어야 할 분야는 무엇이라고 생각하는가"에 대한 질문이다. 설문조사결과, '동아시아 평화안정'이라는 응답이 130명(46.1%)으로 가장 많았고, '북한의 변화 유도'라는 응답이 83명(31.6%), '동아시아 경제발전'이라는 응답이 38명(10.0%), '동아시아 정치적 민주주의'라는 응답이 32명(12.1%) 순으로 나타났다. 통일연구원의 전문가집단의 결과는 '동아시아 평화안정'이 가장 많았고, '북한의 변화 유도', '동아시아 경제 발전', '동아시아의 정치적 민주주의' 순으로 나타났다.

표 3.34 대 중국 통일공공외교의 중점 분야(다중응답)

구분	빈도(명)	비율(%)	합계
동아시아 평화안정	130	46.1	283 (100.0)
북한의 변화 유도	83	31.6	
동아시아 정치적 민주주의	32	12.1	
동아시아 경제발전	38	10.0	

둘째, "북한의 변화를 유도하는 데 가장 필요한 정책은 무엇이라고 생각하는가"에 대한 질문이다. 설문조사결과, '북한의 개혁개방'이라는 응답이

192명(69.6%)으로 가장 많았고, '북한의 국제사회 편입'이라는 응답이 42명(15.0%), '북한의 민주화'라는 응답이 34명(10.7%), '북한의 비핵화'라는 응답이 17명(4.7%) 순으로 나타났다. 통일연구원의 전문가집단의 결과는 '북한의 개혁개방'이 가장 많았고, '북한의 국제사회 편입', '북한의 비핵화', '북한의 민주화' 순으로 나타났다.

표 3.35 북한의 변화 유도를 위한 정책(다중응답)

구분	빈도(명)	비율(%)	합계
북한의 민주화	34	10.7	285 (100.0)
북한의 개혁개방	192	69.6	
북한의 국제사회 편입	42	15.0	
북한의 비핵화	17	4.7	

(6) 통일공공외교의 평가

한국의 대 중국 통일공공외교에 대한 각 국가별 평가 및 만족도에 대해 그 실태를 살펴보면 다음과 같다. 첫째, "한국의 대 중국 통일공공외교 활동에 대해 가장 긍정적으로 생각하는 국가는 어디라고 생각하는가"에 대한 질문이다. 설문결과, '중국'이라는 응답이 146명(50.0%)으로 가장 많았고, '미국'이라는 응답이 77명(26.4%), '일본'이라는 응답이 25명(8.5%), '러시아'라는 응답이 16명(5.5%) 순으로 나타났다. 통일연구원의 전문가집단의 결과는 '미국'이 가장 많았고, 다음으로 중국, 러시아, 일본, 기타 순으로 나타났다.

표 3.36 대 중국 통일공공외교에 대한 긍정적인 국가(다중응답)

구분	빈도(명)	비율(%)	합계
미국	77	26.4	292 (100.0)
중국	146	50.0	
일본	25	8.5	
러시아	16	5.5	
기타	28	9.6	

둘째, "그동안 한국이 추진해왔던 통일공공외교에 대해 어떻게 평가하는가"에 대한 질문이다. 5점 척도로 물어본 결과, 3점이라는 응답이 147명(57.7%)으로 가장 많았고, 4점과 2점이 각각 38명(14.8%), 1점이 28명(10.9%), 5점이 6명(2.3%) 순으로 나타났다.

표 3.37 대 중국 통일공공외교 평가

구분	빈도(명)	비율(%)	합계
1점	28	10.9	257 (100.0)
2점	38	14.8	
3점	147	57.2	
4점	38	14.8	
5점	6	2.3	

한국의 대중국 통일공공외교에 대한 연변조선족과 한국 및 중국의 전문가집단의 조사결과를 비교해보면 유사점보다는 차이점이 상대적으로 많이 존재함을 알 수 있었다. 먼저, 유사한 결과를 보인 부분을 보면, 통일공공외교 관련 정보습득 경로, 통일공공외교의 중점 분야, 북한의 변화유도 정책 등이다. 반면, 통일공공외교의 인식, 통일공공외교의 추진 대상, 통일공공외교의 주요 활동 분야, 통일공공외교의 장애 요인, 통일공공외교의 효과 등에 대해서는 차이점을 보이고 있다.

IV

재일한인의 다중정체성과 모국 연계 활동

일본에 살고 있는 재일한인은 코리안 디아스포라 중에서도 가장 '경계인'의 성격을 띠고 있다고 할 수 있다. 일본 제국주의의 식민통치에 따른 지배와 피지배의 관계가 식민지 해방 이후에도 그대로 반영되고 있으며, 한-일 간의 정치외교적 갈등으로부터 민감하게 반응할 수밖에 없는 위치를 가지고 있다. 특히 모국인 한반도가 분단되면서 두 국가 간의 체제경쟁 및 대결의 정치가 재일한인들에게 직접적인 영향을 미치고 있다. 이 장에서는 일본 오사카에 살고 있는 재일한인들의 의식주 생활, 축제인식, 정체성, 모국 연계 활동 등에 대해 살펴보고자 한다.

1. 오사카 재일한인의 의식주 생활과 정체성

1) 재일한인의 한복에 대한 인식과 경험

(1) 재일한인의 한복에 대한 인식

재일한인의 민족의 전통의상이라 할 수 있는 한복에 대한 인식은 어떠한지 설문조사 결과를 살펴보면 〈표 4.1〉과 같다.

오사카에 살고 있는 재일한인들은 '한복이 재일한인의 전통의상이라고 생각한다'라는 항목에 평균 3.93으로 나타나 다른 질문내용보다 가장 높은 평균을 보였으며, '한복에 대해 자부심을 갖고 있다'라는 항목에는 평균 3.36으로 나타났다. 이와 같이 재일한인들은 한복에 대해 민족의 전통의상으로서 자부심을 갖고 있다고 볼 수 있다. 그러나 연변조선족들은 일상생활에서 한복을 착용하는 데 상대적으로 부정적인 인식을 보이고 있다. '한복이 보기에는 좋으나 활동성 때문에 입고 다니기에 불편하다고 생각한다'라는 항목에 평균 3.21을 나타냈고, '한복이 시대에 뒤떨어져 보이므로 양장을 선호한다'라는 항목에는 평균 2.42를 나타냈다. 재일한인들은 '자녀들이 한복을 입었으면 좋겠다고 생각한다'라는 항목에 평균 3.25로 보통의 수준을 보여주었다.

표 4.1 재일한인의 한복에 대한 인식

질문 내용	빈도(명)	평균	표준편차	최솟값	최댓값
나는 한복이 재일한인의 전통의상이라고 생각한다.	119	3.93	2.567	1	5
나는 한복에 대해 자부심을 갖고 있다.	118	3.36	1.075	1	5
나는 한복이 보기에는 좋으나 활동성 때문에 입고 다니기에 불편하다고 생각한다.	118	3.21	1.183	1	5
나는 한복이 시대에 뒤떨어져 보이므로 양장을 선호한다.	111	2.42	1.058	1	5
나는 자녀들이 한복을 입었으면 좋겠다고 생각한다.	115	3.25	1.241	1	5
나는 한복을 입고 싶어도 경제적인 이유로 한복을 입지 못한다.	111	2.17	1.119	1	5

(2) 재일한인의 한복 착용

일반적으로 모국이든 해외에 거주하고 있는 재외동포든 한복은 일상생활에서 입기보다는 특별한 행사에서 입는 것으로 볼 수 있다. 한 조사에 따르면, 재일한인의 한복 착용 정도는 지금까지 한두 번 입어 본 적이 많으며,

표 4.2 재일한인의 한복 착용 정도

(단위: 명/%)

한복 착용 정도	빈도	비율
전혀 입어 본 적이 없다.	19	15.0
지금까지 한두 번 입어 본 적이 있다.	51	40.1
1년에 한두 번 입는다.	27	21.3
행사 때마다 자주 입는다.	29	22.8
항상 입는다.	1	0.8
전체	127	100.0

자료: 장윤수(2006), p.81.

1년에 한두 번 정도 입는 수준에 있는 것으로 나타났다.[1]

재일한인이 한복을 입는 경우에는 결혼식(37.8%) 때 가장 많이 착용한 것으로 나타났다. 다음으로 돌잔치, 지역에서 개최되는 축제와 민족의 고유명절인 설날과 추석, 제사 등의 순으로 한복을 입는 것으로 조사되었다.

표 4.3 오사카 재일한인의 한복 착용 사례[2]

(단위: 명/%)

한복 착용 사례	빈도	비율
돌잔치	14	11.8
결혼식	45	37.8
회갑	0	0.0
축제	4	3.4
명절(설날, 추석)	3	2.5
제사	2	1.7
기타	51	42.9

사진 4.1 일본 오사카 이쿠노쿠 민족학급 시업식

1 장윤수(2006), p.81.

2 이 결과는 다중응답의 결과이다.

2) 오사카 재일한인의 식생활

오사카에 살고 있는 재일한인의 식생활을 알아보기 위해 한민족의 식생활에 없어서는 안 되는 중요한 음식이라 할 수 있는 김치와 된장, 고추장의 이용 실태를 살펴보았다. 〈표 4.4〉에서 보듯, 재일한인은 일반적으로 가정에서 김치를 직접 담가서 먹거나, 된장이나 고추장을 담가서 먹지 않은 것으로 나타났다.

표 4.4 재일한인의 김치 및 고추장, 된장 이용 실태

질문 내용	빈도(명)	평균	표준편차	최솟값	최댓값
귀하는 가정에서 김치를 담가서 먹고 있습니까?	117	1.70	.460	1	5
귀하는 가정에서 고추장, 된장을 담가서 먹고 있습니까?	116	1.76	.504	1	5

사진 4.2 오사카 이쿠노쿠 미유키도오리 코리안타운 반찬 가게

오사카의 재일한인들은 가정에서 주로 어떤 음식을 해먹는지 살펴보았다. 재일한인들은 재일한인의 음식과 일본음식을 함께 해먹는다고 하는 응

답이 전체의 80.9%를 차지했으며, 일본 음식은 13.9%, 재일한인의 음식은 5.2% 순으로 나타났다.

표 4.5 재일한인들이 주로 해먹는 음식 유형

구분	빈도(명)	비율(%)
재일한인 음식	6	5.2
일본 음식	16	13.9
재일한인 + 일본 음식	94	80.9
전체	116	100.0

3) 오사카 재일한인의 지역생활 환경

주지하다시피, 일본 오사카는 재일한인 중 올드커머들이 집중 거주하고 있는 지역이다. 특히 오사카 이쿠노쿠는 미유키도오리와 츠루하시를 중심으로 코리아타운이 형성되어 있어 일상적으로 재일한인들이 교류하고 소통할 수 있는 환경과 함께 민족의 전통음식과 문화들을 향유할 수 있는 곳이다. 이러한 특성을 갖는 오사카 재일한인의 지역생활 환경에 대한 만족도 조사 결과를 보면 다음과 같다.

오사카 재일한인의 지역생활 환경에서 만족도가 가장 높은 항목은 '시장, 대형 마트 이용'이 평균 3.74를 보였다. 이러한 결과는 무엇보다 이쿠노쿠의 미유키도오리와 츠루하시를 중심으로 코리아타운이 형성되어 있는 것과 밀접한 관련이 있다. 다음으로, '집 주변 청소 및 쓰레기 처리 상태'가 평균 3.46, '병원, 보건소 등 의료시설 이용 환경'이 평균 3.45, '각종 사회복지시설 이용'이 평균 3.36, '주거시설의 비용'이 평균 3.21 순으로 나타났다. 반면, 상대적으로 평균점수가 낮은 항목은 '주변 자연환경'이 평균 2.76으로 가장 낮았으며, 다음으로, '학교, 학원 등 교육 환경'이 평균 3.07, '치안, '미취학 자녀의 양육 환경'이 평균 3.10으로 나타났다.

표 4.6 재일한인의 지역생활 환경 만족도

질문 내용	빈도(명)	평균	표준편차	최솟값	최댓값
주거시설의 비용	115	3.21	1.136	1	5
집 주변 청소 및 쓰레기 처리 상태	117	3.46	1.022	1	5
시장, 대형 마트 등 이용	117	3.74	1.045	1	5
각종 사회복지시설 이용	118	3.36	.958	1	5
병원, 보건소 등 의료시설 이용 환경	118	3.45	.892	1	5
주변 자연 환경	118	2.76	1.051	1	5
치안, 범죄 등 안전 상태	118	3.12	.944	1	5
미취학 자녀의 양육 환경	115	3.10	.754	1	5
학교, 학원 등 교육 환경	116	3.07	.831	1	5

사진 4.3 일본 오사카 이쿠노쿠 미유키도오리 코리아타운

2. 오사카 재일한인의 축제 인식

오사카 재일한인들은 지역사회에서 개최되고 있는 축제에 대해 어떻게 인식하고 있을까? 〈표 4.7〉에서 확인하듯, 재일한인들은 지역축제가 민족문화를 유지하고 계승하는 데 도움이 된다고 생각하고 있으며, 축제를 통해 재일한인들과 교류하고 소통하여 친근감을 형성하는 데 도움이 된다고 보고 있다.

재일한인들은 축제가 재일한인의 자긍심을 높여주고, 재일한인의 이미지를 제고하는 데 도움을 주는 것으로 생각하고 있다. 반면, 재일한인의 축제

표 4.7 재일한인의 축제에 대한 인식

설문내용	빈도(명)	평균	표준편차	최솟값	최댓값
나는 재일한인의 축제가 재일한인의 이미지를 높여준다고 생각한다.	117	3.38	.981	1	5
나는 재일한인의 축제가 재일한인의 자긍심을 높여준다고 생각한다.	117	3.47	.886	1	5
나는 재일한인의 축제가 다른 재일한인들과 친근감을 맺게 해준다고 생각한다.	117	3.61	.982	1	5
나는 재일한인의 축제가 민족문화를 유지, 계승하는 데 도움이 된다고 생각한다.	115	3.65	.869	1	5
나는 재일한인의 축제가 지역의 경제 발전에 도움이 된다고 생각한다.	117	3.01	1.046	1	5
나는 재일한인의 축제가 일본인 및 다른 민족들과 관계를 개선시키는 데 도움이 된다고 생각한다.	118	3.13	1.017	1	5
나는 재일한인의 축제가 재일한인에 대한 차별 의식을 해소하는 데 도움이 된다고 생각한다.	117	3.03	1.025	1	5
나는 재일한인의 축제가 한국과 일본 간의 관계를 개선시키는 데 도움이 된다고 생각한다.	117	3.16	1.017	1	5
나는 재일한인의 축제가 한국의 이미지를 높여준다고 생각한다.	116	3.47	1.003	1	5
나는 재일한인의 축제가 한국의 제품 이미지를 높여준다고 생각한다.	117	2.85	.979	1	5

가 지역사회의 경제발전이나 재일한인의 차별문제, 일본인 및 다른 민족들 간의 관계 문제 등에는 상대적으로 부정적인 인식을 하고 있다. 특히 재일한인의 축제가 모국인 한국의 제품 이미지를 제고하는데 별다른 영향을 미치지 않은 것으로 생각하고 있다.

성별로 구분하여 재일한인들의 축제에 대한 인식을 살펴보면 아래 〈표 4.8〉과 같다. 먼저, 재일한인의 이미지 제고 측면에서, 남성(37.2%)보다는 여

표 4.8 재일한인의 축제에 대한 인식 - 성별 비교

설문내용	성별	부정적 인식	보통	긍정적 인식	빈도(명)
나는 재일한인의 축제가 재일한인의 이미지를 높여준다고 생각한다.	남성	7	20	16	43
	여성	9	34	31	74
나는 재일한인의 축제가 재일한인의 자긍심을 높여준다고 생각한다.	남성	4	22	17	43
	여성	7	29	38	74
나는 재일한인의 축제가 다른 재일한인들과 친근감을 맺게 해준다고 생각한다.	남성	4	20	19	43
	여성	7	23	44	74
나는 재일한인의 축제가 민족문화를 유지, 계승하는 데 도움이 된다고 생각한다.	남성	2	20	19	41
	여성	4	26	44	74
나는 재일한인의 축제가 지역의 경제 발전에 도움이 된다고 생각한다.	남성	13	21	9	43
	여성	18	32	24	74
나는 재일한인의 축제가 일본인 및 다른 민족들과 관계를 개선시키는 데 도움이 된다고 생각한다.	남성	8	18	17	43
	여성	17	34	24	75
나는 재일한인의 축제가 재일한인에 대한 차별 의식을 해소하는 데 도움이 된다고 생각한다.	남성	12	19	12	43
	여성	18	33	23	74
나는 재일한인의 축제가 한국과 일본 간의 관계를 개선시키는 데 도움이 된다고 생각한다.	남성	7	22	14	43
	여성	16	32	26	74
나는 재일한인의 축제가 한국의 이미지를 높여준다고 생각한다.	남성	8	21	13	42
	여성	9	10	24	43
나는 재일한인의 축제가 한국의 제품 이미지를 높여준다고 생각한다.	남성	20	18	5	43
	여성	16	39	19	74

성(42.9%)이 좀 더 긍정적으로 인식하고 있다. 재일한인의 자긍심 제고에서도 여성(44.6%)이 남성(39.5%)보다 긍정적으로 나타났고, 재일한인과 친근감을 형성해준다는 항목에서도 여성(59.5%)이 남성(44.2%)보다 높게 나타났다. 축제가 민족문화를 유지하고 계승하는데 도움을 제공할 것이라는 항목에서도 여성(59.5%)이 남성(46.3%)보다 긍정적이며, 지역사회의 발전에 도움이 될 것이라는 항목에서도 여성(32.4%)이 남성(20.9%) 보다 높다. 이와 같이, 전반적으로 여성이 남성보다 재일한인의 축제가 긍정적인 기여를 할 것으로 생각하고 있다.

한편, 설문항목 중 긍정적인 기여를 할 것이라는 응답을 보인 항목들을 보면, "재일한인의 축제가 다른 재일한인들과 친근감을 맺게 해준다"와 "재일한인의 축제가 민족문화를 유지, 계승하는 데 도움이 된다"는 항목이었다. 다음으로, "재일한인의 축제가 재일한인의 자긍심을 높여준다", "재일한인의 축제가 재일한인의 이미지를 높여준다", "재일한인의 축제가 일본인 및 다른 민족들과 관계를 개선시키는 데 도움이 된다", "재일한인의 축제가 한국과 일본 간의 관계를 개선시키는 데 도움이 된다" 순으로 나타났다. 반면, 가장 부정적인 인식을 하고 있는 항목들은 "재일한인의 축제가 한국의 제품 이미지를 높여준다"였으며, "재일한인의 축제가 지역의 경제 발전에 도움이 된다" 순으로 나타났다.

3. 오사카 재일한인의 다중정체성

오사카에 거주하고 있는 재일한인의 정체성을 크게 한국(모국) 지향, 재일한인 지향, 일본 지향 등으로 나누어 살펴보면 다음과 같다.

1) 한국 지향

오사카에 거주하고 있는 재일한인의 정체성 중 한국 지향에 관한 구체적인 설문조사 결과를 살펴보면 아래 〈표 4.9〉와 같다. 재일한인의 한국 지향에 관한 설문조사 결과, 전체 평균은 2.73으로 나타났다.

오사카 재일한인의 한국 지향에 관한 설문항목 중 평균점수가 가장 높은 항목은 "한국의 전통음식을 자주 먹는다"로 3.71을 나타냈다. 다음으로, "한국의 문화에 대해 관심이 많다"가 평균 3.66을 나타냈다. 이러한 사실에서 볼 때, 오사카 재일한인들은 전반적으로 고유의 민족문화를 유지, 계승하는 데 관심이 많은 것으로 이해할 수 있다. 반면, 민족의 언어인 한국어 사용은 일상생활에서나 가정에서 적극적으로 사용하지 않은 것으로 나타났다. 이러한 결과는 무엇보다 재일한인들이 일본사회에 안정적으로 적응하고 정착하기 위해 일본어를 적극적으로 사용하거나 일본의 배타적인 외국인 정책에서 비롯된 것이라 할 수 있다.

표 4.9 오사카 재일한인의 한국 지향

설문내용	빈도(명)	평균	표준편차	최솟값	최댓값
나는 한국어로 글을 쓸 수 있다.	118	2.71	1.372	1	5
나는 일상생활에서 한국어를 사용한다.	117	1.97	1.054	1	5
나는 가족과 대화에서 한국어를 사용한다.	118	1.94	1.263	1	5
나는 한국의 문화에 대해 관심이 많다.	117	3.66	10153	1	5
나는 한국의 전통명절(설날, 추석)을 지키고 있다.	119	2.83	1.361	1	5
나는 한국의 결혼 풍습을 지키고 있다.	117	2.31	1.170	1	5
나는 한국의 전통음식을 자주 먹는다.	118	3.71	1.220	1	5

사진 4.4 일본 오사카 이쿠노쿠 한류숍

2) 재일한인 지향

오사카에 거주하고 있는 재일한인의 정체성 중 재일한인 지향에 관한 구체적인 설문조사 결과를 살펴보면 아래 〈표 4.10〉과 같다. 재일한인의 재일한인 지향에 관한 설문조사 결과, 전체 평균은 2.83으로 나타났다.

오사카 재일한인의 재일한인 지향에 관한 설문항목 중 평균점수가 가장 높은 항목은 "재일한인의 전통과 문화가 보존, 계승되어야 한다"가 3.69를 나타냈다. 다음으로, "재일한인의 후손이라는 사실이 자랑스럽다"가 평균 3.37을 나타냈으며, "재일한인의 역사, 전통, 관습 등에 대해 알려고 노력한다"가 평균 2.92로 나타났다. 이러한 사실에서 볼 때, 오사카 재일한인들은 전반적으로 고유의 민족문화를 유지, 계승하는데 관심이 많은 것으로 이해할 수 있다. 반면, 상대적으로 평균 점수가 낮은 항목들은 "재일한인에게 강한 소속감을 가지고 있다"가 평균 2.37로 가장 낮았고, "재일한인들로 구성된 조직체 또는 사회단체 등에 적극 참여한다"가 평균 2.51, "다른 사람에게 재일한인의 역사와 문화에 대해 자주 이야기한다"가 평균 2.58, "재일한인의 전통 행사에 참여하고 있다"가 평균 2.61, "재일한인에게 친근감을 느낀다"가 평균 2.64, "나의 재일한인 배경에 대해 잘 안다"가 평균 2.76 순으로 나타났다.

표 4.10 오사카 재일한인의 재일한인 지향

설문내용	빈도(명)	평균	표준편차	최솟값	최댓값
나는 재일한인의 전통 행사에 참여하고 있다.	118	2.61	1.432	1	5
나는 재일한인의 후손이라는 사실이 자랑스럽다.	118	3.37	1.069	1	5
나는 재일한인에게 친근감을 느낀다.	118	2.64	1.406	1	5
나는 나의 재일한인 배경에 대해 잘 안다	118	2.76	1.231	1	5
나는 재일한인의 역사, 전통, 관습 등에 대해 알려고 노력한다.	117	2.92	1.217	1	5
나는 주로 재일한인들로 구성된 조직체 또는 사회단체(상인회, 문화단체 등)에 적극 참여한다.	119	2.51	1.389	1	5
나는 재일한인에게 강한 소속감을 가지고 있다.	118	2.37	1.273	1	5
나는 다른 사람에게 재일한인의 역사와 문화에 대해 자주 이야기한다.	118	2.58	1.229	1	5
나는 재일한인의 전통과 문화가 보존, 계승되어야 한다고 생각한다.	117	3.69	.951	1	5

3) 일본 지향

오사카에 거주하고 있는 재일한인의 정체성 중 일본 지향에 관한 구체적인 설문조사 결과를 살펴보면 아래 〈표 4.11〉과 같다. 재일한인의 일본 지향에 관한 설문조사 결과, 전체 평균은 2.70으로 나타났다.

그중 가장 높은 평균을 나타낸 항목은 "일본을 비하하는 기사를 보면 매우 기분 나쁘다"로서 평균 3.89를 차지했다. 다음으로 "일본에서 생활하는 것이 자랑스럽다"(3.22), "일본의 지역사회에서 구성원으로 인정받고 있다"(2.89), "일본의 역사, 전통, 관습 등에 대해 알려고 노력한다"(2.78), "일본의 역사와 문화에 대해 잘 안다"(2.72) 등의 순으로 나타났다. 반면, 상대적으로 평균 점수가 낮은 항목은 "일본의 이주민 정책에 만족한다"가 평균 2.08로 가장 낮게 나타났다. 다음으로, "재일한인들이 일본어를 배우고 사용해야 한다"가 평균 2.29, "다른 사람에게 일본에 대해 자주 이야기한다"가 평균 2.32, "일본에 대한 강한 소속감을 느낀다"가 평균 2.32, "일본의 국적을 갖는 것이 기쁘다"가 평균 2.47 순으로 나타났다. 이러한 결과에서 오사카 재일한인들은 전반적으로 일본의 이주민 정책에 대해 부정적인 생각을 갖고 있으며, 일본의 국적이나 소속감에 대해서도 부정적인 인식이 강하다고 볼 수 있다.

표 4.11 오사카 재일한인의 일본 지향

설문내용	빈도(명)	평균	표준편차	최솟값	최댓값
나는 일본을 비하하는 기사를 보면 매우 기분 나쁘다.	117	3.89	1.057	1	5
나는 일본에서 생활하는 것이 자랑스럽다.	116	3.22	1.156	1	5
나는 일본의 국적을 갖는 것이 기쁘다.	45	2.47	1.120	1	5
나는 일본의 지역사회에서 구성원으로 인정받는다.	108	2.89	1.138	1	5
나는 일본의 이주민정책에 만족한다.	110	2.08	.930	1	5
나는 일본의 역사, 전통, 관습 등에 대해 알려고 노력한다.	108	2.76	.926	1	5
나는 일본의 역사와 문화에 대해 잘 안다.	111	2.72	1.020	1	5
나는 일본에 대한 강한 소속감을 느낀다.	38	2.39	.823	1	5
나는 다른 사람에게 일본에 대해 자주 이야기한다.	104	2.32	1.007	1	5
나는 재일한인들이 일본어를 배우고 사용해야 한다고 생각한다.	112	2.29	1.198	1	5

요약하면, 오사카 재일한인의 정체성은 상대적으로 재일한인 지향(평균 2.83)이 한국 지향(평균 2.73), 일본 지향(평균 2.70) 보다 약간 높은 것으로 나타났다. 그러나 세 개의 정체성의 평균 점수는 일반적으로 오차범위 내에 있음을 감안할 때, 재일한인이 특정의 정체성을 강하게 드러내고 있다고 볼 수 없다.

한편, 오사카 재일한인이 생각하는 자신의 정체성은 어디에 가깝다고 한 설문조사 결과를 보면, '재일한인+일본'의 정체성을 가지고 있다고 응답한 비율이 전체의 42.0%를 차지한 반면, 재일한인은 38.4%로 나타났다. 일본 정체성이라 응답한 비율은 9.8%로 나타났다.

표 4.12 오사카 재일한인이 생각하는 자신의 정체성

구분	빈도(명)	비율(%)
재일한인	43	38.4
일본	11	9.8
재일한인+일본	47	42.0
기타	11	9.8
전체	112	100.0

오사카 재일한인의 배우자 민족은 재일한인이 69.6%로 가장 많았고, 일본인이 25.3%, 조선적이 3.8%, 기타 1.3% 등으로 나타났다. 또한 오사카 재일한인의 언어사용을 보면, 일본어를 한국어보다 압도적으로 잘 구사하고 있다.[3]

표 4.13 오사카 재일한인의 배우자 민족

구분	빈도(명)	비율(%)
재일한인	55	69.6
일본	20	25.3
조선적	3	3.8
기타	1	1.3
전체	79	100

3 이번 설문조사 응답자들의 언어 사용 수준을 보면 다음과 같다. 일본어 구사수준은 매우 못함이 1명으로 0.9%, 조금 못함이 1명으로 0.9%, 보통이 15명으로 12.8%, 조금 잘함이 32명으로 27.4%, 매우 잘함이 42명으로 58.1%이다. 반면, 한국어 구사수준은 매우 못함이 31명으로 26.1%, 조금 못함이 43명으로 36.1%, 보통이 23명으로 19.0%, 조금 잘함이 16명으로 13.4%, 매우 잘함이 6명으로 5.0% 등이다.

사진 4.5 일본 오사카 이쿠노쿠 미유키도오리 코리아타운

4. 오사카 재일한인의 모국 연계 활동

이 글에서는 오사카 재일한인을 대상으로 한국에 대한 인식 및 방문 경험, 모국어 사용, 모국문화의 향유, 모국 연계 활동 실태를 알아보는 차원에서 빈도분석과 평균을 살펴보았다. 구체적인 설문조사 결과는 다음과 같다.

1) 한국에 대한 인식 및 방문 경험

첫째, 한국에 대해 어느 정도 친밀하다고 생각하는지에 대한 질문이다. 설문결과, '가깝다'라는 응답이 42.2%로 가장 많았고, '보통이다'라는 응답이 31.0%, '매우 가깝다'라는 응답이 19.0%, '멀다'라는 응답이 6.0%, '매우 멀다'라는 응답이 1.7% 순으로 나타났다.

표 4.14 한국에 대한 친밀도

구분	빈도(명)	비율(%)
매우 가깝다	22	19.0
가깝다	49	42.2
보통이다	36	31.0
멀다	7	6.0
매우 멀다	2	1.7

둘째, 최근 5년 동안 한국을 얼마나 자주 방문했는지에 대한 질문이다. 설문결과, '없다'라는 응답이 31.0%로 가장 많았고, '2-3년에 1회 방문'이라는 응답이 22.4%, '매년 1회 방문'이라는 응답이 18.1%, '필요할 때 자주 방문'이라는 응답이 14.7%, '1년에 2-3회 방문'이라는 응답이 12.9% 순으로 나타났다.

표 4.15 한국 방문 경험

구분	빈도(명)	비율(%)
없다	37	31.0
2-3년에 1회 방문	26	22.4
매년 1회 방문	21	18.1
1년에 2-3회 방문	15	12.9
필요할 때 자주 방문	17	14.7

셋째, 현재 한국에 가족이나 친척이 살고 있는지에 대한 질문이다. 설문결과, '없다'라는 응답이 57.5%로 나타난 반면, '있다'라는 응답은 42.5%를 차지했다.

표 4.16 한국에 가족 및 친척 거주 여부

구분	빈도(명)	비율(%)
있다	48	42.5
없다	65	57.5

2) 모국어 사용

오사카 한인의 한국어 수준을 조사한 결과, <표 4.17>에서 나타나듯이 '조금 못한다'라는 응답이 36.1%로 가장 많았고, '매우 못한다'라는 응답이 26.1%, '보통이다'라는 응답이 19.3%, '조금 잘한다'라는 응답이 13.4%, '매우 잘한다'라는 응답이 5.0% 순으로 나타났다.

표 4.17 한국어 수준

구분	빈도(명)	비율(%)
매우 못한다	31	26.1
조금 못한다	43	36.1
보통이다	23	19.3
조금 잘한다	16	13.4
매우 잘한다	6	5.0

다음으로, 오사카 한인들이 일상생활 등에서 한국어를 얼마나 자주 사용하는지에 대해 조사하였다. '한국어로 글을 쓸 수 있다'라는 항목은 평균 2.71을 보였고, '일상생활에서 한국어를 사용하고 있다'라는 항목은 평균 1.97을 차지했다. '가족과 대화에서 한국어를 사용한다'라는 항목에서는 평균 1.94를 보였다.

표 4.18 한국어 사용 정도

질문 항목	빈도(명)	평균	표준편차	최솟값	최댓값
한국어로 글을 쓸 수 있다.	118	2.71	1.372	1	5
일상생활에서 한국어를 사용하고 있다.	117	1.97	1.054	1	5
가족과 대화에서 한국어를 사용한다.	118	1.94	1.263	1	5

3) 모국문화의 향유

오사카 한인들이 일상생활에서 모국의 문화를 어느 정도 향유하고 있는지 설문조사 결과를 살펴보면 아래 〈표 4.19〉와 같다. '한국의 문화에 대해 관심이 많다'라는 항목의 평균은 3.66으로 나타났고, '한국의 전통명절(설날, 추석)을 잘 지키고 있다'라는 항목의 평균은 2.83, '한국의 결혼풍습을 잘 지키고 있다'라는 항목의 평균은 2.31로 나타났다. '한국의 전통음식을 자주 해먹고 있다'라는 항목의 평균은 3.71로 가장 높게 나타났다.

표 4.19 한국 문화의 향유 정도

질문 항목	빈도(명)	평균	표준편차	최솟값	최댓값
한국의 문화에 대해 관심이 많다.	117	3.66	1.153	1	5
한국의 전통명절(설날, 추석)을 잘 지키고 있다.	119	2.83	1.361	1	5
한국의 결혼풍습을 잘 지키고 있다.	117	2.31	1.170	1	5
한국의 전통음식을 자주 해먹고 있다.	118	3.71	1.220	1	5

4) 모국과의 연계 활동

오사카 한인들의 모국과의 연계 활동이 어느 정도 이루어지고 있는지 살펴보았다. 총 9개의 질문 항목 중에서 '한국의 드라마, 영화, K-pop을 자주 접하고 있다'라는 항목이 평균 3.36으로 가장 높게 나타났다. 다음으로, '한국의 신문, 잡지, 인터넷 사이트 등을 자주 보고 있다' 항목이 평균 2.75를 보였다. '한국에 있는 가족, 친척으로부터 돈이나 선물을 받았다' 항목이 평균 2.49, '한국에 있는 가족, 친척에게 돈이나 선물을 보낸 적이 있다' 항목이 평균 2.30, '한국의 축제, 문화 활동에 참여하고 있다' 항목이 평균 2.26, '한국의 단체나 조직에서 운영하는 프로그램에 자녀를 보내고 있다' 항목이 평균 2.23, '한국의 선거에 참여하고 있다' 항목이 평균 2.08, '한국의 단체나 조직에서 활동하고 있다' 항목이 평균 1.99를 보였다. 가장 낮은 평균을 보인 항목은 '한국의 정치에 관여하거나 활동하고 있다'(1.62)이다.

표 4.20 모국과의 연계 활동

질문 항목	빈도(명)	평균	표준편차	최솟값	최댓값
한국의 단체나 조직에서 운영하는 프로그램에 자녀를 보내고 있다.	110	2.23	1.530	1	5
한국의 단체나 조직에서 활동하고 있다.	116	1.99	1.374	1	5
한국의 선거에 참여하고 있다.	118	2.08	1.687	1	5
한국의 정치에 관여하거나 활동하고 있다.	117	1.62	1.188	1	5
한국의 드라마, 영화, K-pop을 자주 접하고 있다.	118	3.36	1.476	1	5
한국의 축제, 문화 활동에 참여하고 있다.	116	2.26	1.231	1	5
한국의 신문, 잡지, 인터넷 사이트 등을 자주 보고 있다.	117	2.75	1.548	1	5
한국에 있는 가족, 친척에게 돈이나 선물을 보낸 적이 있다.	116	2.30	1.595	1	5
한국에 있는 가족, 친척으로부터 돈이나 선물을 받았다.	117	2.49	1.535	1	5

요컨대, 오사카에 살고 있는 재일한인들은 모국의 드라마, 영화, K-pop 등 최근 글로벌 문화트렌드로 자리 잡고 있는 한류를 가장 많이 접촉하고 있다는 것으로 알 수 있다. 반면, 한국의 정치나 선거, 단체 활동 등에 관해서는 상대적으로 저조한 활동이나 관심이 적은 것으로 나타났다.

V

카자흐스탄 고려인의 다중정체성과 모국 연계 활동

현재 독립국가연합(CIS, Commonwealth of Independent States)에 거주하고 있는 고려인은 약 50여만 명에 이르고 있는데, 이중 우즈베키스탄에 182,957명, 카자흐스탄에 105,400명 등 이 두 국가에 집중 거주하고 있다. 1989년 동유럽 사회주의체제의 붕괴와 1991년 소련의 해체, 중앙아시아 각국의 민족주의 부활로 고려인들은 또 다른 시련에 직면해 있으며, 각 국가들은 사회주의체제에서 자본주의체제로의 전환기에 놓여 있다. 이 장에서는 카자흐스탄에 살고 있는 고려인의 의식주 생활, 축제인식, 정체성, 모국 연계 활동 등에 대해 살펴보고자 한다.

1. 카자흐스탄 고려인의 의식주 생활과 정체성

1) 카자흐스탄 고려인의 한복에 대한 인식과 경험

(1) 고려인의 한복 착용

중앙아시아지역의 고려인사회에서 한복은 1970년대 거의 사라져 버린 것으로 인식하고 있다. 그러다가 1991년 소련 해체 이후 중앙아시아 국가들이 독립을 선포하면서 민족의 전통의상인 한복이 다시 등장한 것으로 나타났다.[1] 한 조사의 결과에 따르면, 카자흐스탄 고려인들은 한복을 지금까지 한 번도 입어보지 못한 경우가 전체의 53.4%로 높게 나타났다. 한두 번 입어본 경우는 32.2% 이었으며, 1년에 한 번 이상 입어본 경우는 7.5%, 행사 때마다 자주 입는다는 경우는 6.2%로 나타났다.

1 장윤수(2006), p.146.

표 5.1 카자흐스탄 고려인의 한복 착용 정도

(단위: 명/%)

한복 착용 정도	빈도	비율
전혀 입어 본 적이 없다.	78	53.4
지금까지 한두 번 입어 본 적이 있다.	47	32.2
1년에 한두 번 입는다.	11	7.5
행사 때마다 자주 입는다.	9	6.2
항상 입는다.	1	0.7
전체	146	100.0

자료: 장윤수(2006), p.146.

카자흐스탄 고려인들은 회갑 잔치(21.3%) 때 한복을 가장 많이 입은 것으로 나타났다. 다음으로 돌잔치(13.2%), 결혼식과 명절 때 각각 6.9%, 축제 때 2.9% 등의 순으로 나타났다.

표 5.2 카자흐스탄 고려인의 한복 착용 사례[2]

(단위: 명/%)

한복 착용 사례	빈도	비율
돌잔치	23	13.2
결혼식	12	6.9
회갑	37	21.3
축제	5	2.9
명절(설날, 추석)	12	6.9
제사	15	8.6
기타	70	40.2
전체	174	100.0

2 이 결과는 다중응답의 결과이다.

사진 5.1 고려인의 회갑잔치

사진 5.2 고려인의 회갑잔치

2) 카자흐스탄 고려인의 식생활

카자흐스탄에 살고 있는 고려인의 식생활을 알아보기 위해 한민족의 식생활에 없어서는 안 되는 중요한 음식이라 할 수 있는 김치와 된장, 고추장의 이용 실태를 살펴보았다. 〈표 5.3〉에서 보듯, 카자흐스탄 고려인들은 일반적으로 가정에서 김치나 된장, 고추장을 거의 해먹지 않은 것으로 나타났다.

표 5.3 카자흐스탄 고려인의 김치 및 고추장, 된장 이용 실태

질문 내용	빈도(명)	평균	표준편차	최솟값	최댓값
귀하는 가정에서 김치를 담가서 먹고 있습니까?	166	1.01	.078	1	5
귀하는 가정에서 고추장, 된장을 담가서 먹고 있습니까?	165	1.09	.288	1	5

사진 5.3 카자흐스탄 우쉬토베 시장의 고려인 반찬

카자흐스탄 고려인들이 가정에서 주로 어떤 음식을 해먹는지 살펴보았다. 카자흐스탄 고려인들은 주로 고려인 음식만을 먹은 경우는 전체의 50.3%를 차지했고, 고려인 음식과 카자흐스탄 음식을 혼합해서 먹는 경우는 45.5%로 나타났다. 반면, 카자흐스탄 음식만을 먹는 경우는 4.2%에 불과했다.

표 5.4 카자흐스탄 고려인들이 주로 해먹는 음식 유형

구분	빈도(명)	비율(%)
고려인 음식	83	50.3
카자흐스탄 음식	7	4.2
고려인 음식+카자흐스탄 음식	75	45.5
전체	165	100.0

사진 5.4 고려인 음식: 감자 베고자

사진 5.5 고려인 음식: 북장

사진 5.6 카자흐스탄 우쉬토베 고려인 가정의 저녁 식사

사진 5.7 카자흐스탄 알마티 근교 고려인 가정의 점심 식사

3) 카자흐스탄 고려인의 지역생활 환경

카자흐스탄 고려인은 2015년 현재 105,400명이다. 이 중 남성은 47,418명, 여성은 57,982명이다. 지역별 거주 현황을 보면, 알마티에 43,700명, 카라간다에 13,349명, 잠불에 9,638명, 크즐오르다에 8,226명, 침켄트에 6,349명, 아스타나에 5,533명, 악토베에 1,474명, 기타지역에 17,131명이다. 카자흐스탄 고려인의 지역생활 환경에 대한 만족도 조사 결과를 보면 다음과 같다.

카자흐스탄 고려인의 지역생활 환경에서 만족도가 가장 높은 항목은 '미취학 자녀의 양육 환경'이 평균 3.72를 보였다. 다음으로, '학교, 학원 등 교육환경'이 평균 3.69, '시장, 대형 마트 등 이용'이 평균 3.60, '각종 사회복지시설 이용'이 평균 3.37, '병원, 보건소 등 의료시설 이용 환경'이 평균 3.33, '치안, 범죄 등 안전 상태'가 평균 3.04, '주변 자연환경'이 평균 2.99, '주거시설의 비용'이 평균 2.95로 나타났다. 가장 낮은 평균을 보인 항목은 '집 주변 청소 및 쓰레기 처리 상태'로 평균 2.89를 보였다.

표 5.5 카자흐스탄 고려인의 지역생활 환경 만족도

질문 내용	빈도(명)	평균	표준편차	최솟값	최댓값
주거시설의 비용	166	2.95	1.290	1	5
집 주변 청소 및 쓰레기 처리 상태	167	2.89	1.232	1	5
시장, 대형 마트 등 이용	167	3.60	1.053	1	5
각종 사회복지시설 이용	167	3.37	1.020	1	5
병원, 보건소 등 의료시설 이용 환경	167	3.33	1.127	1	5
주변 자연 환경	167	2.99	1.235	1	5
치안, 범죄 등 안전 상태	167	3.04	1.204	1	5
미취학 자녀의 양육 환경	167	3.72	.916	1	5
학교, 학원 등 교육 환경	167	3.69	.903	1	5

사진 5.8 카자흐스탄 알마티 한국인 운영 슈퍼

2. 카자흐스탄 고려인의 축제 인식

카자흐스탄 고려인들은 지역사회에서 개최되고 있는 고려인 축제에 대해 어떻게 인식하고 있을까? 〈표 5.6〉에서 볼 수 있듯이 카자흐스탄 고려인들은 지역축제가 민족문화를 유지하고 계승하는 데 도움이 된다고 생각하고 있으며, 축제를 통해 다른 고려인들과 교류하고 소통하여 친근감을 형성하는 데 도움이 된다고 보고 있다. 고려인의 축제가 고려인의 자긍심을 높여주고, 고려인의 이미지를 제고하는데 도움을 주는 것으로 생각하고 있다. 나아가 고려인의 축제가 고려인에 대한 차별 의식을 해소하는 데 도움이 된다고 생각하고 있다.

한편, 카자흐스탄 고려인들은 고려인의 축제가 지역사회의 다른 구성원인 카자흐스탄인이나 다른 민족들과 관계를 개선시키는 데 도움이 되는 것으로 인식하고 있다. 고려인들은 고려인의 축제가 한국과 카자흐스탄 간의 관계를 개선시키는 데 도움이 되는 것으로 인식하고 있다. 반면, 고려인들은 축제가 지역의 경제발전에 도움이 된다는 생각에 평균점수가 가장 낮게 나타났다.

표 5.6 카자흐스탄 고려인의 축제에 대한 인식

설문내용	빈도(명)	평균	표준편차	최솟값	최댓값
나는 고려인의 축제가 고려인의 이미지를 높여준다고 생각한다.	167	3.94	.890	1	5
나는 고려인의 축제가 고려인의 자긍심을 높여준다고 생각한다.	167	4.01	.843	1	5
나는 고려인의 축제가 다른 고려인들과 친근감을 맺게 해준다고 생각한다.	167	4.09	.783	1	5
나는 고려인의 축제가 민족문화를 유지, 계승하는 데 도움이 된다고 생각한다.	167	4.22	.771	1	5
나는 고려인의 축제가 지역의 경제 발전에 도움이 된다고 생각한다.	167	3.46	.955	1	5
나는 고려인의 축제가 카자흐스탄인 및 다른 민족들과 관계를 개선시키는 데 도움이 된다고 생각한다.	167	3.80	.909	1	5
나는 고려인의 축제가 고려인에 대한 차별 의식을 해소하는 데 도움이 된다고 생각한다.	167	3.83	.867	1	5
나는 고려인의 축제가 한국과 카자흐스탄 간의 관계를 개선시키는 데 도움이 된다고 생각한다.	167	3.86	.914	1	5
나는 고려인의 축제가 한국의 이미지를 높여준다고 생각한다.	167	3.86	.920	1	5
나는 고려인의 축제가 한국의 제품 이미지를 높여준다고 생각한다.	167	3.73	.991	1	5

설문조사 대상자의 성별로 구분하여 살펴보면 〈표 5.7〉과 같다. 먼저, 고려인의 이미지 제고 측면에서, 남성(평균 3.97)과 여성(평균 3.92)이 거의 비슷하게 긍정적으로 인식하고 있다. 고려인의 자긍심 제고에서도 남성(평균 4.02), 여성(4.02)로 긍정적으로 나타났고, 다른 고려인과 친근감을 형성해준다는 항

목에서도 남성(평균 4.11), 여성(평균 4.08)로 비슷하게 나타났다. 축제가 민족문화를 유지하고 계승하는 데 도움을 제공할 것이라는 항목에서도 남성(평균 4.21), 여성(평균 4.22)로 유사한 결과를 보였다.

표 5.7 카자흐스탄 고려인의 축제에 대한 인식 - 성별 비교

설문내용	구분	빈도(명)	평균	표준편차
나는 고려인의 축제가 고려인의 이미지를 높여준다고 생각한다.	남성	66	3.97	.764
	여성	98	3.92	.970
나는 고려인의 축제가 고려인의 자긍심을 높여준다고 생각한다.	남성	66	4.02	.734
	여성	98	4.02	.896
나는 고려인의 축제가 다른 고려인들과 친근감을 맺게 해준다고 생각한다.	남성	66	4.11	.682
	여성	98	4.08	.790
나는 고려인의 축제가 민족문화를 유지, 계승하는 데 도움이 된다고 생각한다.	남성	66	4.21	.627
	여성	98	4.22	.776
나는 고려인의 축제가 지역의 경제 발전에 도움이 된다고 생각한다.	남성	66	3.53	.964
	여성	98	3.43	.956
나는 고려인의 축제가 카자흐스탄인 및 다른 민족들과 관계를 개선시키는 데 도움이 된다고 생각한다.	남성	66	3.88	.832
	여성	97	3.74	.901
나는 고려인의 축제가 고려인에 대한 차별 의식을 해소하는 데 도움이 된다고 생각한다.	남성	66	3.94	.762
	여성	98	3.72	.865
나는 고려인의 축제가 한국과 카자흐스탄 간의 관계를 개선시키는 데 도움이 된다고 생각한다.	남성	66	3.82	.858
	여성	98	3.87	.911
나는 고려인의 축제가 한국의 이미지를 높여준다고 생각한다.	남성	66	3.86	.892
	여성	98	3.83	.920
나는 고려인의 축제가 한국의 제품 이미지를 높여준다고 생각한다.	남성	66	3.65	1.030
	여성	98	3.78	.980

3. 카자흐스탄 고려인의 다중정체성

이 글에서는 카자흐스탄 고려인의 정체성의 특성을 알아보기 위해 한국 지향, 고려인 지향, 카자흐스탄 지향 등으로 분류하여 빈도분석과 평균을 살펴보았다. 구체적인 설문조사 결과는 다음과 같다.

1) 한국 지향

카자흐스탄 고려인의 정체성 중 한국 지향에 관한 구체적인 설문조사 결과를 살펴보면 아래 〈표 5.8〉과 같다. 카자흐스탄 고려인의 한국 지향에 관한 설문조사 결과, 전체 평균은 2.76으로 나타났다.

카자흐스탄 고려인의 한국 지향에 관한 설문항목 중 평균점수가 가장 높은 항목은 "한국의 전통음식을 자주 먹는다"로 평균 4.06을 보였다. 다음으로, "한국의 결혼풍습을 잘 지키고 있다"가 평균 3.25를 나타냈다. 이러한 사실에서 볼 때, 카자흐스탄 고려인들은 전반적으로 고유의 민족문화를 유지, 계승하는 데 관심이 많은 것으로 이해할 수 있다.

표 5.8 카자흐스탄 고려인의 한국 지향

설문내용	빈도(명)	평균	표준편차	최솟값	최댓값
나는 한국어로 글을 쓸 수 있다.	167	2.13	1.193	1	5
나는 일상생활에서 한국어를 사용한다.	166	2.00	1.101	1	5
나는 가족과 대화에서 한국어를 사용한다.	166	1.82	.890	1	5
나는 한국의 문화에 대해 관심이 많다.	167	2.95	1.211	1	5
나는 한국의 전통명절(설날, 추석)을 지키고 있다.	164	3.13	1.236	1	5
나는 한국의 결혼 풍습을 지키고 있다.	167	3.25	1.179	1	5
나는 한국의 전통음식을 자주 먹는다.	167	4.06	.923	1	5

사진 5.9 카자흐스탄 알마티의 고려인 가정

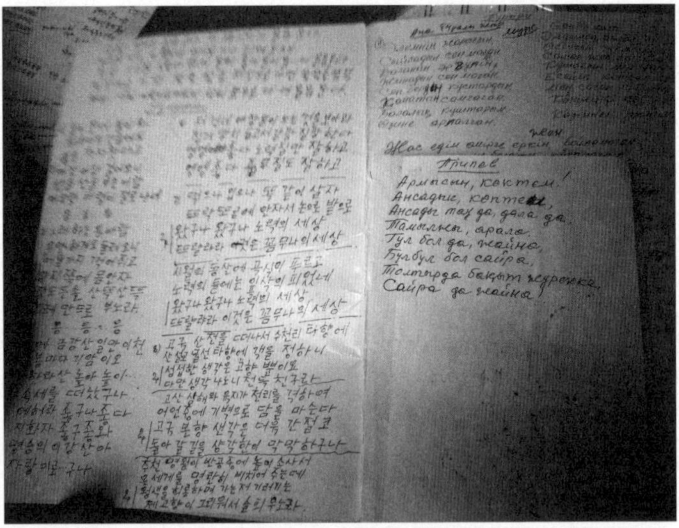

사진 5.10 카자흐스탄 알마티 고려인의 한국어 배우기

반면, 민족의 언어인 한국어 사용은 일상생활에서나 가정에서 적극적으로 사용하지 않은 것으로 나타났다. 구체적으로 "가족과 대화에서 한국어를 사용한다" 항목의 평균은 1.82로 가장 낮았으며, "일상생활에서 한국어를 사용한다" 항목은 평균 2.00, "한국어로 글을 쓸수 있다" 항목은 평균 2.13이었다. 이러한 결과는 무엇보다 카자흐스탄 고려인들이 소련시대의 강력한 민족주의정책의 결과로 이해할 수 있다.

설문조사 대상자의 성별로 구분하여 살펴보면 아래 〈표 5.9〉와 같다. 먼저, 한국어 사용 관련 항목에서 여성이 남성보다 전반적으로 한국어를 더 많이 사용하고 있는 것으로 나타났다. 또한 한국의 문화생활 관련 항목에서도 남성보다는 여성이 평균점수가 약간 높은 것으로 나타났다.

표 5.9 카자흐스탄 고려인의 한국 지향 – 성별 비교

설문내용	구분	빈도(명)	평균	표준편차
나는 한국어로 글을 쓸 수 있다.	남성	66	1.95	1.129
	여성	98	2.22	1.195
나는 일상생활에서 한국어를 사용한다.	남성	66	1.77	.925
	여성	97	2.13	1.100
나는 가족과 대화에서 한국어를 사용한다.	남성	65	1.69	.846
	여성	98	1.90	.897
나는 한국의 문화에 대해 관심이 많다.	남성	66	2.68	1.255
	여성	98	3.12	1.215
나는 한국의 전통명절(설날, 추석)을 지키고 있다.	남성	64	3.05	1.265
	여성	97	3.19	1.241
나는 한국의 결혼 풍습을 지키고 있다.	남성	66	3.21	1.247
	여성	98	3.27	1.183
나는 한국의 전통음식을 자주 먹는다.	남성	99	4.09	.759
	여성	98	4.05	.914

사진 5.11 카자흐스탄 알마티 고려인민족문화중앙 – 민요 배우기

2) 고려인 지향

고려인 지향 관련 설문결과, 전체 평균은 3.35로 나타났다. 그중 가장 높은 평균을 보인 것은 "고려인의 후손이라는 사실이 자랑스럽다"로서 4.14를 차지했다. 다음으로 "고려인의 전통과 문화가 보존, 계승되어야 한다고 생각한다"(4.11)이며, "고려인의 역사, 전통, 관습 등에 대해 알려고 노력한다"(3.66), "고려인에게 친근감을 느낀다"(3.54), "고려인에게 강한 소속감을 가지고 있다"(3.51), "나의 고려인 배경에 대해 잘 안다"(3.44), "다른 사람에게 고려인의 역사와 문화에 대해 자주 이야기한다"(3.05), "고려인의 전통 행사에 참여하고 있다"(2.52), "고려인들로 구성된 조직체 또는 사회단체(고려인협회, 문화단체 등)에 적극 참여한다"(2.16) 순으로 나타났다.

표 5.10 카자흐스탄 고려인의 고려인 지향

내용	빈도(명)	평균	표준편차	최솟값	최댓값
나는 고려인의 전통 행사에 참여하고 있다.	167	2.52	1.166	1	5
나는 고려인의 후손이라는 사실이 자랑스럽다.	167	4.14	.857	1	5
나는 고려인에게 친근감을 느낀다.	166	3.54	.945	1	5
나는 나의 고려인 배경에 대해 잘 안다.	165	3.44	.892	1	5
나는 고려인의 역사, 전통, 관습 등에 대해 알려고 노력한다.	167	3.66	.961	1	5
나는 주로 고려인들로 구성된 조직체 또는 사회단체(고려인협회, 문화단체 등)에 적극 참여한다.	167	2.16	1.110	1	5
나는 고려인에게 강한 소속감을 가지고 있다.	167	3.51	.962	1	5
나는 다른 사람에게 고려인의 역사와 문화에 대해 자주 이야기한다.	165	3.05	1.061	1	5
나는 고려인의 전통과 문화가 보존, 계승되어야 한다고 생각한다.	167	4.11	.769	1	5

사진 5.12 카자흐스탄 우쉬토베 청년센터 내 방과후 수업

설문조사 대상자의 성별로 구분하여 살펴보면 아래 〈표 5.11〉과 같다. 먼저, 성별로 평균의 차이가 보이는 항목은 "고려인의 전통과 문화가 보존, 계승되어야 한다고 생각한다"와 "주로 고려인들로 구성된 조직체 또는 사회단체(고려인협회, 문화단체 등)에 적극 참여한다" 등이다. 이외 다른 항목들은 성별로 평균값이 거의 유사하게 나타났다.

표 5.11 카자흐스탄 고려인의 고려인 지향 – 성별 비교

내용	구분	빈도(명)	평균	표준편차
나는 고려인의 전통 행사에 참여하고 있다.	남성	66	2.45	1.230
	여성	98	2.56	1.131
나는 고려인의 후손이라는 사실이 자랑스럽다.	남성	66	4.12	.775
	여성	98	4.15	.912
나는 고려인에게 친근감을 느낀다.	남성	66	3.50	.881
	여성	97	3.57	.951
나는 나의 고려인 배경에 대해 잘 안다.	남성	66	3.45	.931
	여성	96	3.44	.868
나는 고려인의 역사, 전통, 관습 등에 대해 알려고 노력한다.	남성	66	3.61	1.036
	여성	98	3.72	.959
나는 주로 고려인들로 구성된 조직체 또는 사회단체(고려인협회, 문화단체 등)에 적극 참여한다.	남성	66	2.02	1.045
	여성	98	2.26	1.118
나는 고려인에게 강한 소속감을 가지고 있다.	남성	66	3.53	.932
	여성	98	3.50	.969
나는 다른 사람에게 고려인의 역사와 문화에 대해 자주 이야기한다.	남성	66	3.00	1.067
	여성	96	3.06	1.063
나는 고려인의 전통과 문화가 보존, 계승되어야 한다고 생각한다.	남성	66	4.20	.638
	여성	98	4.06	.771

3) 카자흐스탄 지향

카자흐스탄 지향 관련 설문결과, 전체 평균은 3.77로 나타났다. 그중 가장 높은 평균을 보인 것은 "카자흐스탄의 지역사회에서 구성원으로 인정받는다"로서 4.17을 차지했다. 다음으로 "고려인들이 카자흐어를 배우고 사용해야 한다고 생각한다"(4.05)이며, "카자흐스탄에서 생활하는 것이 자랑스럽다"(4.02), "카자흐스탄의 국적을 갖는 것이 기쁘다"(4.02), "카자흐스탄의 역사, 전통, 관습 등에 대해 알려고 노력한다"(3.99), "카자흐스탄에서 계속 살 것이다"(3.87), "카자흐스탄의 이주민정책에 만족한다"(3.68), "카자흐스탄에 대한 강한 소속감을 느낀다"(3.66), "카자흐스탄의 역사와 문화에 대해 잘 안다"(3.64), "카자흐스탄을 비하하는 기사를 보면 매우 기분 나쁘다"(3.44), "다른 사람에게 카자흐스탄에 대해 자주 이야기한다"(2.98) 순으로 나타났다.

표 5.12 카자흐스탄 고려인의 카자흐스탄 지향

내용	빈도(명)	평균	표준편차	최솟값	최댓값
나는 카자흐스탄을 비하하는 기사를 보면 매우 기분 나쁘다.	166	3.44	1.136	1	5
나는 카자흐스탄에서 생활하는 것이 자랑스럽다.	167	4.02	.795	1	5
나는 카자흐스탄의 국적을 갖는 것이 기쁘다.	167	4.02	.803	1	5
나는 카자흐스탄의 지역사회에서 구성원으로 인정받는다.	167	4.17	.829	1	5
나는 카자흐스탄의 이주민정책에 만족한다.	167	3.68	.866	1	5
나는 카자흐스탄의 역사, 전통, 관습 등에 대해 알려고 노력한다.	167	3.99	.829	1	5
나는 카자흐스탄의 역사와 문화에 대해 잘 안다.	167	3.64	1.007	1	5
나는 카자흐스탄에 대한 강한 소속감을 느낀다.	167	3.66	.949	1	5
나는 다른 사람에게 카자흐스탄에 대해 자주 이야기한다.	166	2.98	1.081	1	5
나는 고려인들이 카자흐어를 배우고 사용해야 한다고 생각한다.	166	4.05	.939	1	5

설문조사 대상자의 성별로 구분하여 살펴보면 아래 〈표 5.13〉과 같다. 먼저, 성별로 평균의 차이가 보이는 항목은 “카자흐스탄의 지역사회에서 구성원으로 인정받는다”에서 남성이 평균 4.38로 여성의 4.03보다 높게 나타났다. “카자흐스탄에 대한 강한 소속감을 느낀다” 항목에서 남성이 평균 3.77로 여성 3.56보다 높게 나타났다. 그 이외 항목들에서는 남성과 여성의 평균값이 거의 유사하게 나타났다.

표 5.13 카자흐스탄 고려인의 카자흐스탄 지향 – 성별 비교

내용	구분	빈도(명)	평균	표준편차
나는 카자흐스탄을 비하하는 기사를 보면 매우 기분 나쁘다.	남성	66	3.38	1.147
	여성	97	3.45	1.138
나는 카자흐스탄에서 생활하는 것이 자랑스럽다.	남성	66	4.09	.759
	여성	98	3.96	.799
나는 카자흐스탄의 국적을 갖는 것이 기쁘다.	남성	66	4.08	.751
	여성	98	3.97	.806
나는 카자흐스탄의 지역사회에서 구성원으로 인정받는다.	남성	66	4.38	.651
	여성	98	4.03	.833
나는 카자흐스탄의 이주민정책에 만족한다.	남성	66	3.70	.803
	여성	98	3.64	.867
나는 카자흐스탄의 역사, 전통, 관습 등에 대해 알려고 노력한다.	남성	66	4.00	.841
	여성	98	3.98	.836
나는 카자흐스탄의 역사와 문화에 대해 잘 안다.	남성	66	3.71	.989
	여성	98	3.58	1.015
나는 카자흐스탄에 대한 강한 소속감을 느낀다.	남성	66	3.77	.819
	여성	98	3.56	.951
나는 다른 사람에게 카자흐스탄에 대해 자주 이야기한다.	남성	66	2.97	1.052
	여성	98	2.98	1.083
나는 고려인들이 카자흐어를 배우고 사용해야 한다고 생각한다.	남성	66	4.03	.911
	여성	97	4.04	.942

카자흐스탄의 고려인들은 한국 및 고려인 지향 관련 항목보다는 카자흐스탄 지향 관련 항목에서 상대적으로 높은 평균점수를 보이고 있다는 것이 특징적이다. 그러나 자신의 정체성이 어디에 가깝다고 생각하는지에 대한 질문에서는 전혀 다른 결과를 보여주고 있다. '고려인'의 정체성을 가지고 있다고 응답한 비율이 전체의 89.9%를 차지하였으며, 고려인+카자흐인 정체성이 4.8%, 카자흐인 정체성인 3.6%에 머물렀다.

표 5.14 카자흐스탄 고려인이 생각하는 자신의 정체성

구분	빈도(명)	비율(%)
고려인	151	89.9
카자흐인	6	3.6
고려인+카자흐인	8	4.8
기타	1	0.6
무응답	2	1.2

이러한 사실로 비추어볼 때, 고려인 지향보다 카자흐스탄 지향이 높게 나타난 이유는 체제이행기 상황에 놓여 있는 카자흐스탄사회에 안정적으로 재적응해야 하는 고려인의 처지와 연관이 있는 것으로 볼 수 있다. 즉 고려인들은 소비에트 시기와는 전혀 다른 카자흐화 정책이 진행되고 있는 현재의 상황에서 카자흐스탄의 역사와 문화에 대해 잘 이해해야 하고, 국가어인 카자흐어를 잘 구사할 줄 알아야 한다는 것이다.

4. 카자흐스탄 고려인의 모국 연계 활동

1) 고려인과 한국과의 만남

카자흐스탄에 한국인이 진출하기 시작한 것은 소연방 해체 이후이다. 1991년 당시 카자흐스탄의 수도인 알마티에 한국교육원이 개설되면서 고려인의 한국과의 만남이 시작되었다.[3] 초기 교민사회는 개인 사업가, 선교사, 유학생이 주축을 이루었다. 주지하다시피 초기 정착과정에 가장 큰 걸림돌이 되는 것은 언어와 문화의 장벽이었는데, 고려인의 존재로 그러한 어려움들은 거의 존재하지 않았다.[4]

한국정부와 카자흐스탄정부 간의 공식적인 외교 관계는 1992년 1월 28일에 수교가 이루어지면서 본격화되었다. 특히 카자흐스탄 독립 직후 경제적 어려움과 선진국들의 무관심이 지속되던 시기에 한국기업들이 카자흐스탄에 적극 진출하면서 한국과 카자흐스탄 간 실질적인 협력관계를 구축할 수 있었다. 카자흐스탄에 진출하여 성공한 한국의 기업들은 주로 건설과 전자제품 유통분야이다. 고려인 기업가들은 한국기업의 카자흐스탄 현지 진출에 가교 역할을 담당하였으며, 때로는 한국기업과 직접 손을 잡고 사업 노하우를 배우면서 급속한 성장을 이루었다. 대표적인 고려인 기업가들은 남올레크(쿠아트 사장, 건설업), 신 브로니슬라프(알마틴 사장, 건설업), 김 바체슬라프(플라넷 엘렉트로니카, 전자유통업), 김 에두아르트(테흐노 돔 플러스 사장, 전자유통업) 등이다.[5]

한국정부는 카자흐스탄을 포함한 중앙아시아 고려인들의 민족정체성 확립과 민족적 자긍심을 고취하기 위한 다양한 프로그램들을 지원, 운영하

---

3 민간차원에서 이루어진 중앙아시아 고려인에 대한 한글교육 지원 사업은 임채완 전남대 세계한상문화연구단장이 주도하여 우즈베키스탄 타쉬켄트에 광주 한글학교(현 세종학당) 등 독립국가연합 지역에 6개의 한글학교를 설립했다.

4 『국제신문』, 2009.04.08.

5 『동아일보』, 2007.01.02.

고 있다. 첫째 모국방문 사업이다. 그동안 한국사회로부터 소외되어 온 고려인 1세대를 포함하여 젊은 세대들까지 모국방문 사업을 전개하고 있다. 둘째, 고려인 및 현지인 대상으로 한국어 교육을 실시하고 있다. 카자흐스탄 알마티 한국어교육원에서는 고려인 노인들을 대상으로 한 '노인대학'을 운영하고 있다. 매주 수요일에 고려인 노인 30여 명은 한국어와 한국 역사를 배우면서 한민족의 정체성을 확립해가고 있다. 이외에도 교육원에서는 청소년 모국 체험연수, 한국어 교육 연수, 고려인 청년 정보기술(IT) 세미나, 한국 전통놀이 체험 및 음식 축제 등을 개최하여 한국어 및 한국문화를 전파하고 있다.[6]

카자흐스탄 고려인의 한국(인)과의 만남은 카자흐스탄뿐만 아니라 한국에서도 이루어지고 있다. 고려인의 모국 방문은 소연방 해체 이후 가끔씩 이루어지다가 2007년 방문취업제가 실시되면서 본격화되고 있다. 2007년 방문취업제 실시 이후 고려인들의 한국 유입은 단순한 방문의 의미가 아니라 일정기간 정착하여 경제생활을 하기 위한 것으로 바뀌었다. 방문취업제는 1999년 제정된 재외동포법의 실질적 적용과정에서 상대적으로 차별을 받는 중국조선족과 CIS지역 고려인들에 대한 포섭전략의 일환으로 도입되었다.

방문취업제의 주요 내용으로는 첫째, 복수사증 발급: 만 25세 이상의 중국 및 CIS 지역 등 거주동포들에 대해 5년 유효, 1회 최장 3년 체류할 수 있는 복수사증을 발급, 자유로운 출입국 가능; 둘째, 입국문호 확대: 국내 호적이나 친인척이 없는 무연고 동포들에 대해서도 입국문호를 확대, 무연고 동포에 대해서는 외국인력정책위원회에서 결정한 연간 허용인원 범위 내에서 선발(비자발급 쿼터 적용). 한국어능력시험, 추첨 등을 통해 입국 허용; 셋째, 취업

6 중앙아시아 경제, 문화의 허브인 카자흐스탄에서 한류 열풍은 예외가 아니다. 카자흐스탄인들은 한국의 드라마, 음식, K-pop 등에 열광하고 있다. 특히 부동산 한류도 진행 중에 있다. 카자흐스탄은 골조만을 만든 뒤 분양해 주인이 일일이 인테리어를 하는 주택문화였다. 그런데 한국 건설 회사들이 인테리어를 모두 해주고 치안 문제, 중앙 정수시스템, 각종 편의시설 등을 단지 내에서 해결하면서 주택문화 혁명을 불러일으키고 있다. 최근에는 의료 한류도 거세게 불고 있다(『주간동아』 900호, 2013.08.12).

기회 확대 및 절차 간소화: 방문취업(H-2)사증으로 입국한 동포들은 고용노동부 취업교육을 마치고 구직신청 후 고용지원센터의 취업알선을 받거나 특례고용가능확인서를 발급받은 사업체에 자율적으로 취업할 수 있으며 신고만으로 사업체 변경이 가능하도록 했다.[7]

방문취업제의 도입으로 중앙아시아지역에 거주하고 있는 고려인들의 모국 이주는 주로 우즈베키스탄에 거주하고 있는 고려인들이다.[8] 이러한 사실은 2007년 당시 방문취업제 신청 단계에서도 확인할 수 있다. 카자흐스탄은 한국어능력시험이 면제된 국가로서 1천 350명이 할당되었는데 불과 60여 명만이 신청한 것으로 나타났다.[9] 이러한 배경에는 우선, 카자흐스탄은 풍부한 석유와 천연가스 등으로 급속한 경제성장을 이루어 일자리가 창출되고 있으며, 한국기업의 카자흐스탄 진출이 증가하면서 한국어를 구사하는 고려인들이 한국기업에 쉽게 취업할 수 있었기 때문이다. 또한 1937년 스탈린의 강제이주 이후 한국과 단절된 상태로 살아왔기 때문에 사회문화적 차이로 적응하기 힘들 것이라는 부담감이 존재했기 때문이다. 방문취업제 이외에도 '한국과 카자흐스탄 일반여권 사증(비자) 면제협정'이 2014년 11월 29일부터 시작되면서 고려인의 모국 방문은 수월하게 이루어지고 있다. 이와 같이 카자흐스탄 고려인은 1992년 한국과의 수교 이후 반세기 넘게 단절되어 온 모국과의 연계를 다양한 차원에서 경험하고 있다.

그러나 최근에는 고려인사회가 세대교체기에 접어들면서 젊은 고려인들은 민족어 구사가 어렵고 전통문화에 대한 이해가 낮으면서 모국에 대한

7 법무부 출입국관리국 외국적동포과(2007), p.10.

8 2015년 10월 현재, 방문취업(H-2) 자격 소지자 국적별 체류 현황을 보면, 전체 293,361명 중 중국 출신이 276,238명으로 가장 많으며, 다음으로 우즈베키스탄 출신이 14,148명, 카자흐스탄 출신이 1,409명 순이다.

9 2007년도 방문취업제 무연고 동포 국적별 세부 할당 현황을 보면, 중국이 2만 322명, 우즈베키스탄이 4천 22명, 러시아 2천 500명, 카자흐스탄 1천 336명, 키르키스스탄 843명 등이다. 『재외동포신문』, 2007.08.22.

이끌림이 부족한 편이다. 즉 모국문화에 깊은 향수를 간직하고 있는 고려인 1세들이 점차 사라져가고 있으며, 젊은 세대들은 모국어 및 모국문화에 대한 관심보다는 카자흐스탄의 주류사회에 안정적으로 진출하고, 경제적인 부를 축적하는 데 더 많은 관심을 쏟고 있는 것이 현실이다. 이러한 결과로 카자흐스탄에서 고려인과 한국인 간의 정체성 회복이나 통합을 이루기보다는 경제적 이익을 달성하기 위해 상호 간의 갈등관계가 나타나기도 한다. 또한 한국사회에서 고려인들은 열악한 생활, 부당한 대우와 차별, 그리고 같은 민족구성원으로 인정받지 못하고 외국인으로 취급당하는, 이른바 경계 짓기 등을 경험하고 있다.

이처럼 카자흐스탄 고려인에게 있어서 한국(인)과의 만남은 한편으로는 체제이행기 사회에서 재적응하는데 유용한 자원으로 활용되고 있는 반면, 다른 한편으로는 특히 한국사회에서 모국어 사용의 어려움과 문화적 차이에 따른 불편부당한 시선, 여전히 존재하는 모국사회의 배타적 민족주의에 정체성의 혼란을 겪고 있다.

2) 모국에 대한 인식 및 방문 경험

이 연구에서는 카자흐스탄 고려인을 대상으로 모국에 대한 인식 및 경험, 그리고 연계 활동 현황을 살펴보았다. 구체적인 설문조사 결과는 다음과 같다.

첫째, 모국에 대해 어느 정도 친밀하다고 생각하는지에 대한 질문이다. 설문결과, '멀다'라는 응답이 55명(32.7%)으로 가장 많았고, 다음으로 '보통이다'라는 응답이 53명으로 31.5%를 차지했고, '가깝다'라는 응답이 36명(21.4%), '매우 멀다'라는 응답이 17명(10.1%), '매우 가깝다'라는 응답이 5명(3.0%)으로 나타났다.

표 5.15 모국에 대한 친밀도

구분	빈도(명)	비율(%)
매우 가깝다	5	3.0
가깝다	36	21.4
보통이다	53	31.5
멀다	55	32.7
매우 멀다	17	10.1
무응답	2	1.2

둘째, 5년 동안 모국을 얼마나 방문했는지에 대한 질문이다. 설문조사 결과, '없다'라는 응답이 131명으로 78.0%를 차지했고, 다음으로 '매년 1회 방문'이라는 응답이 12명(7.1%), '필요할 때 자주 방문'이라는 응답이 11명(6.5%), '2~3년에 1회 방문'이라는 응답이 10명(6.0%), '1년에 2~3회 방문'이라는 응답이 2명(1.2%) 순으로 나타났다.

표 5.16 모국 방문 경험

구분	빈도(명)	비율(%)
없다	131	78.0
2~3년에 1회 방문	10	6.0
매년 1회 방문	12	7.1
1년에 2~3회 방문	2	1.2
필요할 때 자주 방문	11	6.5
무응답	2	1.2

셋째, 현재 모국에 가족이나 친척이 살고 있는지에 대한 질문이다. 설문조사 결과, 모국에 가족이나 친척이 살고 있지 않는 경우가 138명으로 전체의 82.1%를 차지했고, 있는 경우는 26명으로 15.5%로 나타났다.

표 5.17 모국에 가족 및 친척 거주 여부

구분	빈도(명)	비율(%)
있다	26	15.5
없다	138	82.1
무응답	4	2.4

3) 모국의 전통문화 향유

현재 고려인들이 카자흐스탄에서 모국의 전통문화를 얼마나 잘 지키고 있는지 살펴보았다. 첫째, 설날이나 추석 등 모국의 전통명절을 잘 지키고 있는지에 대해 질문했는데, 평균 3.13을 보였다. 둘째, 모국의 결혼풍습을 잘 지키고 있는지에 대한 질문에서는 평균 3.25; 셋째, 모국의 문화의 대한 관심이 많은지에 대한 질문에서는 평균 2.95; 넷째, 모국의 전통음식을 자주 해 먹는지에 대한 질문에서는 평균 4.06으로 나타났다.[10] 이러한 사실에서 카자흐스탄 고려인은 상대적으로 모국의 전통음식을 잘 유지하고 있는 것으로 이해할 수 있다.

표 5.18 모국의 전통문화 향유

내용	빈도(명)	평균	표준편차	최솟값	최댓값
나는 한국의 전통명절(설날, 추석)을 잘 지키고 있다.	164	3.13	1.236	1	5
나는 한국의 결혼풍습을 잘 지키고 있다.	167	3.25	1.179	1	5
나는 한국의 문화에 대해 관심이 많다.	167	2.95	1.211	1	5
나는 한국의 전통음식을 자주 먹는다.	167	4.06	.923	1	5

10 이러한 결과는 임영상 · 김상철(2012)의 연구에서도 확인된다. 즉 고려인의 음식문화는 언어와 비교해 볼 때 아직까지 세대나 지역에 따른 구분 없이 상당히 잘 보존되고 있다.

4) 모국과의 연계 활동

카자흐스탄 고려인들의 모국과의 연계 활동이 어느 정도 이루어지고 있는지 살펴보았다. 총 9개의 질문 항목에서 전반적으로 평균값이 3점 미만으로 나타났다. 이 중에서 '한국의 드라마, 영화, K-pop을 자주 접하고 있다'라는 항목이 평균 2.83으로 가장 높게 나타났다. 다음으로, '한국의 단체나 조직의 프로그램에 자녀를 보낸 적이 있다' 항목이 평균 2.37, '한국의 축제, 문화 활동에 참여하고 있다' 항목이 평균 2.32, '향후 한국에 귀국하여 생활하고 싶다' 항목이 2.17 등으로 나타났다. 가장 낮은 평균을 보인 항목은 '한국의 정치에 관여하거나 활동하고 있다'(1.66)이다.

표 5.19 모국 연계 활동

측정 항목	빈도(명)	평균	표준편차	최솟값	최댓값
한국의 단체나 조직의 모임에서 활동한 적이 있다.	167	2.14	1.168	1	5
한국의 정치에 관여하거나 활동한 적이 있다.	166	1.66	.736	1	5
한국의 단체나 조직의 프로그램에 자녀를 보낸 적이 있다.	166	2.37	1.319	1	5
한국의 축제, 문화 활동에 참여하고 있다.	167	2.32	1.208	1	5
한국에 있는 가족, 친척으로부터 돈이나 선물을 받았다.	167	1.79	1.017	1	5
한국의 신문, 잡지, 인터넷 사이트 등을 자주 보고 있다.	167	2.10	1.165	1	5
한국에 있는 가족, 친척에게 돈이나 선물을 보낸 적이 있다.	167	1.75	.942	1	5
한국의 TV 드라마, 영화, K-pop을 자주 접하고 있다.	167	2.83	1.397	1	5
향후 한국에 귀국하여 생활하고 싶다	167	2.17	1.051	1	5

요약해보면, 카자흐스탄에 살고 있는 고려인들은 모국의 드라마, 영화, K-pop 등 한국의 문화에 자주 접하고 있는 반면, 한국의 정치나 선거, 단체 활동 등에 관해서는 상대적으로 활동이 저조하거나 관심이 적은 것으로 나타났다.

5. 한국 귀환 고려인의 정체성[11]

1) 고려인의 한국 귀환이주 배경

(1) 고려인의 귀환이주 배경

일반적으로 국제이주의 현상은 송출국의 배출요인(push factor)과 수용국의 흡인요인(pull factor)으로 설명할 수 있다. 중앙아시아의 고려인들이 모국인 한국으로 귀환이주를 하게 된 배경을 배출요인과 흡입요인으로 나누어 살펴보면 다음과 같다.[12]

먼저, 배출요인을 보면, 중앙아시아지역 국가들은 1991년 소련의 해체로 독립을 선언하면서 민족주의 정책을 추진하고 있다. 중앙아시아의 고려인들은 소련시기 성공한 소수민족으로 평가를 받았다. 특히 농업분야에서의 탁월한 성공은 고려인들이 러시아인 다음으로 사회적 위상을 확보하였다. 아울러 러시아어의 사용과 함께 고려인 특유의 교육에 관한 높은 관심으로 대학 및 정부기관의 요직에 진출하였다. 그러나 1991년 소련의 해체와 각 공화국의 독립으로 인해 러시아어에 능통한 고려인들은 체제전환과정에서 토착민족주의 정책으로 상당한 어려움을 겪고 있다. 가장 대표적인 민족주의 정책은 국가 언어의 변화이다. 즉 소련시기에는 러시아어가 공용어로써 사용되었지만, 독립 이후에는 각 공화국의 민족 언어가 국어로 지정되었다. 따라서 정부의 모든 공식문서는 우즈벡어, 카자흐어 등 민족언어가 사용되었다. 또한 독립 국가들은 국가기관의 민족화 정책을 추진했다. 예컨대, 카자흐스탄은 1994년 정부 부처와 대통령궁의 주요 행정관료 중 약 80% 이상을 카자흐인이 독점하였다.[13]

---

11 이에 관한 내용은 『인문사회21』 제9권 5호(2018)에 실린 선봉규 · 파르피에브 스름, "한국에 귀환이주한 고려인의 정체성에 관한 연구"의 내용을 발췌하였다.

12 국제이주에 대한 자세한 이론은 전형권(2008), "국제이주에 대한 이론적 재검토: 디아스포라 현상의 통합모형 접근," 『한국동북아논총』 48, pp.259-284 참조할 것.

이러한 중앙아시아 국가들의 민족주의정책의 결과, 고려인을 포함한 소수민족들은 새로운 체제 환경에 적응해야 하는 어려움에 놓이게 되었다. 특히, 우즈베키스탄은 중앙아시아의 다른 국가에 비해 전체 인구(2016년 29,743,614명) 중 우즈베크인이 80%를 차지하고 있기 때문에, 우즈벡어의 국어 지정과 토착민족주의 정책은 소수민족들에게 중요한 장애요인으로 나타났다.[14] 이러한 상황은 중앙아시아지역에서 두 번째로 고려인이 많이 살고 있는 카자흐스탄에 비해, 우즈베키스탄에 거주하고 있는 고려인들이 한국으로의 귀환이주를 선택하게 된 주요 요인이 되고 있다.

다음으로, 흡인요인을 보면, 한국의 재외동포정책의 변화를 살펴볼 필요가 있다. 한국의 재외동포정책은 냉전시기 반공이데올로기 정책으로 사회주의권에 거주하고 있는 재외동포들에 대해 큰 관심을 갖지 않았다. 1988년 서울 올림픽 개최 이후, 중국과 소련지역의 재외동포들이 한국에 대해 새롭게 인식하는 계기가 되었으며, 1991년 소련 해체 이후 중국 및 CIS국가들과 수교를 맺게 되면서 사회주의권에 살고 있는 재외동포들을 포섭하는 정책을 추진하게 되었다.[15] 세계화를 추진한 김영삼 정부에서는 신교포정책을 발표하여 재외동포들이 거주국 사회에서 모범적인 구성원으로 성장할 수 있도록 지원하는 한편, 본국과 거주국간의 교류 증진을 위한 가교역할을 할 수 있도록 지원하였다.[16] 김대중 정부는 IMF 위기를 극복하기 위해 동포친화형의 정책을 추진하여 재외동포들이 국내에 들어와 경제활동을 자유롭게 할 수 있도록 하였다. 특히 김대중 정부에서는 1999년에 '재외동포의 출입국과 법적 지위에 관한 법률'(이하 재외동포법)을 제정하였다.

---

13 손영훈(2006), "카자흐스탄의 '러시아인 문제'와 카자흐화 정책," 『중동연구』 25(2), p.134.

14 성동기(2005), "구소련 붕괴 후 우즈베키스탄과 카자흐스탄에 나타나는 고려인의 실태 비교," 『비교문화연구』 17, p.55.

15 최영(2011), "한국과 중국의 재외동포정책 비교 연구," 전남대 대학원 박사학위논문, pp.71-72.

16 최종호(2006), "역대 정부의 재외동포정책: 법적, 제도적 문제점과 그 대안." 『민족연구』 27, p.173.

무엇보다 중앙아시아지역의 고려인들이 한국에 본격적으로 이주를 하게 된 정책은 노무현 정부가 추진한 방문취업제도의 도입이다. 방문취업제도는 1999년 재외동포법 제정으로 미국, 일본 등 선진국에 거주하는 재외동포들에 비해 상대적으로 소외받아 온 중국 및 구소련지역 거주 재외동포들에 대한 차별 해소 및 포용정책의 일환으로 2007년에 도입되었다. 방문취업제의 주요 내용은 ① 복수사증 발급: 만 25세 이상의 중국 및 구소련지역 등 거주동포들에 대해 5년 유효, 1회 최장 3년 체류할 수 있는 복수사증 발급, ② 입국문호 확대: 국내 호적이나 친인척이 없는 무연고동포들에 대해서도 입국문호를 확대, 무연고동포에 대해서는 "외국인력정책위원회"에서 결정한 연간 허용인원 범위 내에서 선발, ③ 취업범위 확대 및 절차 간소화: 방문취업(H-2)사증으로 입국한 동포들은 노동부 취업교육을 마치고 구직신청 후, 고용지원센터의 취업알선을 받거나 특례고용 가능 확인서를 발급받은 사업체에 자율적으로 취업할 수 있으며 신고만으로 사업체 변경 가능 등이다.[17]

최근 문재인 정부는 재외동포법에 의해 재외동포로 인정받지 못한 고려인과 중국동포 4세들에게 2019년 6월까지 한시적으로 방문동거(F-1) 자격[18]을 부여하여 한국에 체류하고 있는 부모들과 같이 살 수 있도록 조치했다.[19]

(2) 고려인의 귀환이주 현황

현재 한국에 체류하고 있는 고려인들의 정확한 통계는 존재하지 않는다.

---

17 법무부 출입국관리국 외국적동포과(2007), 『방문취업제 어떤 제도인가요』 (http://www.immigration.go.kr/HP/IMM/primage/oversea_korean.PDF, 검색일: 2018.02.28).

18 방문동거 비자는 부모 등 가족과의 동거를 목적으로 체류하려는 사람에게 발급되며 대상자는 원칙적으로 취업 활동을 할 수 없다.

19 그동안 재외동포법은 재외동포의 자격을 대한민국 국적을 보유했던 자의 손주(3세대)까지만 인정하였다. 따라서 부모와 함께 모국으로 귀환한 고려인 4세의 경우 성인이 되면 한국을 떠나 부모들과 생이별하거나 방문 비자(C-3-8)로 재입국해 3개월마다 양국을 오가야 하는 상황에 있었다. "고려인단체, 동포 4세 국내체류 한시 허용에 "환영하지만 미흡," 『연합뉴스』, 2017.09.12.(http://www.yonhapnews.co.kr/bulletin/2017/09/12/0200000000AKR20170912143800371.HTML, 검색일: 2018.02.28).

한국의 법무부 출입국·외국인정책본부에서는 매월 외국인 통계월보를 발표하고 있는데, 우즈베키스탄, 카자흐스탄 등 중앙아시아지역 고려인은 타민족과 구분하지 않고 통계자료를 발표하고 있기 때문이다.[20] 참고로 중국과 러시아에 거주하고 있는 재외동포들은 한국계 중국인, 한국계 러시아인으로 표기하고 있다.

중앙아시아지역 고려인들이 한국에 체류하기 위해 받을 수 있는 비자는 단기방문(C-3), 유학(D-2), 고용허가제(E-9), 재외동포(F-4), 방문취업(H-2), 결혼이민(F-5) 등 총 6가지 정도이다. 현재 한국사회에 거주하고 있는 고려인들의 대부분은 방문취업(H-2)과 재외동포(F-4) 비자를 가지고 있다. 최근에는 고려인동포 자녀들이 중도입국하는 사례가 증가하고 있어 방문동거(F-1) 비자를 가지고 체류하고 있다. 따라서 한국에 체류하고 있는 고려인의 현황을 알아보기 위해서는 방문취업과 재외동포, 방문동거 등의 비자 현황을 통해 추산해 볼 수 있다.

아래 〈표 5.20〉에 따르면, 한국에 체류하고 있는 고려인은 총 58,912명으로 나타났다. 이 중 러시아에서 이주해 온 고려인은 19,085명이며, 우즈베키스탄·카자흐스탄·키르기스스탄·타지키스탄 등 중앙아시아지역 출신 고려인은 38,178명이며, 우크라이나 출신 고려인은 1,649명이다. 그 이외 통계자료에 표기되지 않은 미등록 고려인들도 존재한다. 러시아 출신 고려인은 방문취업(H-2) 비자보다는 재외동포(F-4) 비자를 전체의 91.2% 차지하고 있다. 반면, 우즈베키스탄 등 중앙아시아지역에서 온 고려인은 재외동포(F-4) 비자보다는 방문취업(H-2) 비자가 전체의 60.1% 차지한다.

〈표 5.20〉에서 주목할 만한 사실은 우즈베키스탄에서 온 고려인들이 전체의 절반(49.4%)에 이르고 있다는 것이다. 이는 우즈베키스탄의 민족주의정책과 경제적 상황에 기인하고 있다. 상대적으로 우즈베키스탄은 1991년 독

---

20 김승력(2017), "고려인 특별법 개정안 전망과 국내체류 고려인 현황," 고려인 강제이주 80주년 기념사업 학술회의 자료집 「점, 선, 면 유랑의 역사」, p.81.

립 선언 이후, 카자흐스탄보다 강력한 민족주의 정책을 추진하고 있고, 경제적 상황 또한 낙후한 모습을 보이고 있다.

표 5.20 사증(VISA) 종류별 국내 체류 고려인 현황

(2017.05.31, 단위: 명)

사증 \ 국적	단기방문 (C-3) / 동포방문 (C-3-8)	방문취업 (H-2)	재외동포 (F-4)	방문동거 (F-1)	영주 (F-5)	총계
러시아	0	29	17,402	1,391	263	19,085
우즈베키스탄	644	17,647	7,890	2,825	87	29,093
카자흐스탄	28	3,896	2,362	528	6	6,820
키르기스스탄	30	1,289	602	194	3	2,118
타지키스탄	0	108	26	13	0	147
우크라이나	78	1,273	145	153	0	1,649
총계	780	24,242	28,427	5,104	359	58,912

자료: 김승력(2017), pp.81-82.

현재 한국에 거주하고 있는 고려인의 지역별 분포 현황을 보면 가장 많이 거주하고 있는 지역이 경기도 안산시이다. 안산시 단원구에 8,375명, 상록구 3,339명 등 총 11,714명이 거주하고 있다. 인천광역시 연수구와 남동구에 4,006명, 광주광역시 광산구에 3,083명, 충청남도 천안시와 아산시에 5,807명, 경상북도 경주시에 2,732명, 경기도 화성시에 2,199명, 경상남도 김해시에 2,158명, 경기도 안성시에 1,954명, 충청북도 청주시에 1,921명, 경기도 평택시에 1,352명, 서울특별시 중구에 1,183명, 충청북도 진천군과 음성군 1,524명, 대구광역시 달성군에 781명, 경기도 김포시에 762명, 경상남도 창녕군에 656명 등이다. 이중 고려인들이 특정 지역에 집중 거주하여 살아가고 있는 곳이 안산시 단원구 선부2동(땟골마을)과 광주광역시 광산구 월곡2동이 대표적이다. 고려인들이 많이 거주하고 있는 지역은 대규모 공업단지가

조성되어 있거나 교통의 편의성, 공단의 배후지로써 주택가격이 상대적으로 저렴한 특성을 가지고 있다.

한국에 체류하고 있는 고려인은 대부분 방문취업(H-2) 비자를 가지고 있기 때문에 단순노무직에 종사하고 있다. 방문취업 비자의 취업 허용 업종을 보면 〈표 5.21〉과 같다.

표 5.21 방문취업(H-2) 비자의 취업 허용 업종 현황

구분	취업 업종
농업	작물재배업, 축산업
어업	연안어업, 근해어업, 양식어업
제조업	제조업
건설업	건설업
도매 및 소매업	재생용재료수집 및 판매업, 산동물도매업, 가정용품도매업, 기계장비 및 관련용품도매업, 가전제품 · 가구 및 가정용품 소매업, 무점포소매업 등
숙박 및 음식점업	음식점업
운수업	냉장냉동창고업, 육상여객운송업, 여행사 및 기타 여행보조업
사업지원서비스업	건축물일반 · 산업설비청소업, 사업시설유지 관리 및 고용서비스업
사회복지사업	사회복지사업
하수 등 청소 관련서비스업	하수 등 청소관련서비스업
수리업	자동차종합수리업, 자동차전문수리업, 이륜자동차수리업
기타 서비스업	욕탕업, 개인간병인, 산업용세탁업
가사서비스업	가사서비스업

출처: 법무부 출입국관리국 외국적동포과(2017), p.26.

한 조사보고서에 의하면, 한국에 거주하고 있는 고려인의 현재 직업 현황을 보면, 단순노무자가 246명(67.0%)로 가장 많으며, 서비스 종사자가 24명(6.5%), 기능 종사자가 18명(4.9%), 판매 종사자 15명(4.1%), 자영업 9명(2.5%), 기계조작 및 조립 종사자 7명(1.9%), 가사 단순노무자 6명(1.6%), 전문가 및 관련 종사자 6명(1.6%), 농어업 종사자 3명(0.8%) 등의 순으로 나타났다.[21] 고려인들

이 단순노무직에 많이 종사하게 된 배경에는 무엇보다 한국어 소통 능력이 매우 부족하기 때문이다. 아울러 고려인에 대한 한국사회의 부정적 인식도 존재한다.

표 5.22 국내체류 고려인의 직업 현황

구분	내용	빈도 (명)	비율 (%)
현재 직업	서비스 종사자(관광가이드, 음식점 종업원, 간병인 등)	24	6.5
	판매 종사자(마트판매원, 세일즈맨, 보험설계사 등)	15	4.1
	농어업 종사자	3	0.8
	기능종사자(기능 · 숙련공)	18	4.9
	기계조작 및 조립 종사자	7	1.9
	가사 단순 노무자(가사도우미, 아이돌보미 등)	6	1.6
	단순 노무자(미숙련 공장노동자, 건설노동자 등)	246	67.0
	사무종사자(일반 행정 사무 등)	13	3.5
	전문가 및 관련 종사자(대학교수, 변호사, 의사 약사, 간호사, 엔지니어, 교사, 강사, 통·번역사, 컴퓨터 프로그래머 등)	6	1.6
	자영업자	9	2.5
	기타	20	5.4
합계		367	100.0

출처: 임채완 외(2014), p.33.

21 임채완 외(2014), 『국내거주 고려인동포 실태조사』, p.33.

2) 한국 귀환 고려인의 정체성

(1) 언어 사용

한국에 거주하고 있는 고려인의 언어 구사수준이 어떠한지 5점 척도를 가지고 질문하였는데, 러시아어를 가장 잘 구사하고 있다고 응답하였으며, 다음으로 한국어, 거주국어 순으로 나타났다. 구체적으로, 러시아어 구사수준은 매우 잘함이 111명(86.0%), 조금 잘함이 13명(10.1%), 보통이 5명(3.9%)이다. 한국어 구사수준은 조금 못함이 42명(33.6%), 보통이 37명(29.6%), 매우 잘함이 25명(20.0%), 매우 못함이 12명(9.6%), 조금 잘함이 9명(7.2%)이다. 거주국어 구사수준은 조금 못함이 55명(47.4%), 보통이 35명(30.2%), 매우 못함이 17명(14.7%), 조금 잘함이 7명(6.0%), 매우 잘함이 2명(1.7%)이다.

한국에 귀환이주한 고려인의 언어 사용에 대한 조사결과를 보면, 〈표 5.23〉과 같다. 전반적으로 고려인들은 한국어를 사용하는 데 어려움이 있는 것으로 나타났다(M=3.44). 일상생활에서 고려인들의 한국어 사용(M=2.72)은 그리 높지 않으며, 지역사회의 한국 사람들과 언어적으로 충돌한 경험이 보통 이상으로 나타났다(M=3.27). 반면, "자녀들이 한국학교를 다녀야 한다"는 항목에서는 다른 항목에 비해 평균점수가 상대적으로 높게 나타났다(M=3.75).

표 5.23 귀환 고려인의 언어 사용

질문 내용	빈도(명)	평균	표준편차	최솟값	최댓값
나는 한국어를 사용하는데 어려움이 있다.	135	3.44	1.110	1	5
나는 일상생활에서 주로 한국어를 사용한다.	134	2.72	1.135	1	5
나는 러시아어와 한국어 두 언어로 모두 농담을 한다.	133	2.77	1.126	1	5
나는 생각할 때 러시아어뿐 아니라 한국어로도 한다.	129	3.00	.910	1	5
나는 자녀들이 한국학교를 다녀야 한다고 생각한다.	134	3.75	1.029	1	5
나는 한국 사람들과 언어적으로 충돌한 적이 있다.	132	3.27	1.062	1	5

성별, 연령, 학력 등 응답자의 일반적 특성별 조사를 보면, 남성보다는 여성이, 연령이 많을수록, 고학력층이 전반적으로 평균점수가 높은 것으로 나타났다.

(2) 한국 문화 이해

한국에 거주하고 있는 고려인의 한국의 역사와 문화에 대한 인식이 어떠한지 조사결과를 보면, 〈표 5.24〉와 같다. "한국의 음식을 좋아한다"는 항목이 평균 3.99로 가장 높게 나타났다. 다음으로 "한국의 문화에 관심이 많다"(M=3.80), "고려인이 한국 사람들과 결혼해도 상관없다"(M=3.72) 순으로 나타났다. 귀환 고려인의 결혼에 대한 인식은 고려인뿐만 아니라 한국 사람들과의 결혼도 긍정적으로 생각하고 있는 것으로 나타났다. 평균 점수가 가장 낮은 항목은 "한국문화보다 고려인문화를 더 선호한다"(M=2.71)는 것으로, 한국사회에 안정적으로 적응, 정착하기 위해서는 무엇보다 한국의 문화를 잘 이해하고 수용해야 하는 상황과 밀접한 연관이 있다고 할 수 있다. 성별, 연령, 학력 등 응답자의 일반적 특성별 조사를 보면, 여성보다는 남성이, 연령에서는 10대와 20대 보다는 30대~50대에서, 학력에서는 고졸이상에서 전반

표 5.24 귀환 고려인의 한국 문화 이해

질문 내용	빈도(명)	평균	표준편차	최솟값	최댓값
나는 한국 문화(드라마, 음악, 영화 등)에 관심이 많다.	140	3.80	.934	1	5
나는 한국 음식을 좋아한다.	140	3.99	.985	1	5
나는 한국의 역사, 전통, 문화, 관습 등 에 대해 알고 있다.	136	3.58	1.008	1	5
나는 고려인과 한국의 문화를 동시에 가지고 있다.	135	3.59	.972	1	5
나는 고려인이 한국 사람들과 결혼해도 상관없다고 생각한다.	134	3.72	.913	1	5
나는 고려인과의 결혼을 선호한다.	132	3.61	.930	1	5
나는 한국 문화보다 고려인 문화를 더 선호한다.	133	2.71	1.013	1	5

적으로 평균점수가 높은 것으로 나타났다.

(3) 사회적 교류 및 관계

한국에 거주하고 있는 고려인의 지역 내 사회적 교류 및 관계에 관한 조사결과를 보면, 〈표 5.25〉와 같다. 전반적으로 고려인들은 아직까지 한국 사람들 보다는 고려인과 교류 활동 및 관계 형성에 집중하고 있음을 알 수 있다. 특히 귀환 고려인은 일상생활에서 한국인들과 오락이나 취미, 여가활동을 함께하는데 많은 어려움이 있는 것으로 나타났다. 이러한 사실은 무엇

표 5.25 귀환 고려인의 사회적 교류 및 관계

질문 내용	빈도 (명)	평균	표준 편차	최솟값	최댓값
나는 한국 사람들과 오락, 취미생활, 쇼핑 등 여가 활동을 함께 한다.	131	2.53	1.028	1	5
나는 한국 사람들과 필요할 때 서로 도움을 주고받는다.	136	2.93	1.093	1	5
나는 한국 사람들과 경조사가 생기면 서로 축하나 위로해준다.	135	2.86	1.101	1	5
나는 한국 사람들과 친해지기가 어렵다고 생각한다.	131	2.82	.996	1	5
나는 고려인이 한국인과 사귀거나 친해져서는 안 된다고 생각한다.	131	2.58	.960	1	5
나의 가장 친한 친구들은 고려인이다.	132	3.48	1.045	1	5
나는 한국인이 주도하는 모임을 선호한다.	132	2.92	.874	1	5
나는 고려인이 주도하는 모임을 선호한다.	133	3.29	1.036	1	5
나는 한국 사람들이 나를 평등하게 대해 준다고 생각한다.	136	2.90	1.046	1	5
나는 한국 사람보다 고려인이 나를 더 동등하게 대해 준다고 생각한다.	131	3.28	.947	1	5
나는 한국 사람들로부터 차별을 받은 적이 있다.	132	2.93	1.005	1	5
나는 한국 사람들로부터 고려인을 비하하는 말을 들은 적이 있다.	134	2.85	1.093	1	5
나는 고려인과 한국인 간 갈등이 심각하다고 생각한다.	124	2.74	.873	1	5
나는 한국정부의 고려인 정책에 찬성한다.	133	2.77	1.364	1	5

사진 5.13 광주광역시 고려인마을의 고려인 교회

보다 한국어 사용이 원활하게 이루어지지 못한 결과로 볼 수 있다. 반면, 귀환 고려인들은 한국 사람보다는 고려인 친구들과의 모임을 더 선호하고 있으며, 한국 사람보다는 고려인들이 동등하게 인정해주는 것으로 생각하고 있다.

〈표 5.25〉에서 보듯, 한국에 귀환한 고려인들은 "한국 사람들로부터 차별을 받거나 고려인을 비하하는 발언을 들은 적이 있다"라는 항목에서는 보통 미만의 평균 점수를 보였으며, 전반적으로 한국정부의 고려인정책에 대해서는 크게 만족하지 못하는 수준에 있는 것으로 나타났다.

VI

맺음말

이 책은 중국, 일본, 카자흐스탄에 거주하고 있는 코리안 디아스포라들이 거주국의 정치, 경제, 사회문화적 환경에 따라 서로 다른 삶의 궤적을 보여주고 있다는 데 주목하여 이들의 삶과 정체성, 모국과 관계 등을 살펴보았다. 구체적으로, 이 책에서는 중국조선족, 재일한인, 카자흐스탄 고려인들의 의식주생활은 어떠한지, 자신들의 축제활동에 대한 인식이 어떠한지에 대해 살펴보았다. 또한 거주국의 정치, 경제, 사회문화적 환경에 적응, 정착하는 과정에서 정체성은 어떻게 나타나고 있는지, 모국에 대한 인식 및 연계활동은 어떠한지에 대해 서술하였다. 이러한 목적을 달성하기 위해 연구자들은 기존에 출간된 문헌자료와 설문조사 자료, 그리고 현지를 방문하여 수집한 사진자료 등을 활용하여 분석하였다. 이 책의 주요 연구내용을 요약하면 다음과 같다.

① 중국조선족, 재일한인, 카자흐스탄 고려인의 의식주생활을 간략히 비교해보면 다음과 같다.

첫째, 한복에 대한 코리안 디아스포라의 인식을 보면, 중국조선족이 재일한인이나 카자흐스탄 고려인보다 민족의 전통의상이라고 생각하는 것으로 나타났다. 중국조선족들은 한복을 주로 결혼식이나 회갑에 많이 착용하고 있으며, 재일한인들은 상대적으로 결혼식과 돌잔치에, 카자흐스탄 고려인들은 회갑과 돌잔치에서 많이 입는 것으로 나타났다.

둘째, 식생활에 대해 살펴보면, 중국조선족은 가정에서 조선족의 음식과 한족 음식을 함께 해먹는다고 하는 응답이 가장 많았으며, 다음으로 조선족의 음식, 한족 음식 순으로 나타났다. 재일한인은 가정에서 재일한인 음식과 일본음식을 함께 해먹는다고 하는 응답이 가장 많았으며, 다음으로 일본 음식, 재일한인 음식 순으로 나타났다. 카자흐스탄 고려인들은 가정에서 전통적인 음식인 김치나 고추장, 된장을 자주 이용하지 않은 것으로 나타났다. 주로 고려인 음식을 자주 해먹거나 고려인 음식과 카자흐스탄 음식을 함께 먹는 것으로 나타났다.

② 중국조선족, 재일한인, 카자흐스탄 고려인의 지역사회 생활 환경에 대한 만족도를 간략히 비교해보면 다음과 같다.

중국조선족의 지역생활 환경에서 만족도가 가장 높은 항목은 '시장, 대형 마트 이용'에 관한 것이다. 이러한 사실은 무엇보다 1980년대부터 추진된 개혁개방 및 도시화의 확대와 밀접한 관련이 있다. 다음으로, '치안, 범죄 등 안전 상태', '미취학 자녀의 양육 환경', '학교, 학원 등 교육 환경' 및 '병원, 보건소 등 의료시설 이용 환경', '주변 자연 환경' 등의 순으로 나타났다. 반면, 상대적으로 만족도가 낮은 항목은 '집 주변 청소 및 쓰레기 처리 상태', '주거시설의 비용' 등이었다.

오사카 재일한인의 지역생활 환경에서 만족도가 가장 높은 항목은 '시장, 대형 마트 이용'이었다. 이러한 결과는 무엇보다 오사카 이쿠노쿠의 미유키도오리와 츠루하시를 중심으로 코리아타운이 형성되어 있는 것과 밀접한 관련이 있다. 다음으로, '집 주변 청소 및 쓰레기 처리 상태', '병원, 보건소 등 의료시설 이용 환경', '각종 사회복지시설 이용', '주거시설의 비용' 등의 순으로 나타났다. 반면, 상대적으로 만족도 낮은 항목은 '주변 자연환경', '학교, 학원 등 교육 환경', '치안, '미취학 자녀의 양육 환경' 순이었다.

카자흐스탄 고려인의 지역생활 환경에서 만족도가 가장 높은 항목은 '미취학 자녀의 양육 환경'이었다. 다음으로, '학교, 학원 등 교육환경', '시장, 대형 마트 등 이용', '각종 사회복지 시설 이용', '병원, 보건소 등 의료시설 이용 환경', '치안, 범죄 등 안전 상태', '주변 자연환경', '주거시설의 비용' 등의 순으로 나타났다. 반면, 상대적으로 만족도가 가장 낮은 항목은 '집 주변 청소 및 쓰레기 처리 상태'였다.

③ 중국조선족, 재일한인, 카자흐스탄 고려인의 축제에 대한 인식을 간략히 비교해보면 다음과 같다.

중국조선족은 전반적으로 축제가 조선족의 이미지를 제고하고, 조선족의 자긍심을 높여주는 것으로 생각하고 있다. 또한 축제가 민족문화를 유지하고 계승하는 데 도움을 주고, 지역의 경제발전에 긍정적인 영향을 미치는 것으로 생각하고 있다. 연변조선족들은 축제가 한족을 포함하여 다른 소수민족들과 관계를 개선하는 데 긍정적인 도움을 주는 것으로 인식하고 있다. 연변조선족들은 축제가 한국과 중국 간의 관계를 개선하는 데 도움을 주는 것으로 생각하고 있다. 그러나 연변조선족들은 조선족의 축제가 한국의 이미지를 제고하거나 한국에서 생산된 제품의 이미지를 개선하는 데 상대적으로 부정적인 인식을 하고 있는 것으로 나타났다.

재일한인들은 축제가 재일한인의 자긍심을 높여주고, 재일한인의 이미지를 제고하는 데 도움을 주는 것으로 생각하고 있다. 반면, 재일한인의 축제가 지역사회의 경제발전이나 재일한인의 차별문제, 일본인 및 다른 민족들 간의 관계 문제 등에는 상대적으로 부정적인 인식을 하고 있다. 특히 재일한인의 축제가 모국인 한국의 제품 이미지를 제고하는 데 별다른 영향을 미치지 않은 것으로 생각하고 있다.

카자흐스탄 고려인들은 축제가 지역사회의 다른 구성원인 카자흐인이나 다른 민족들과 관계를 개선시키는 데 도움이 되는 것으로 인식하고 있다. 고려인들은 고려인의 축제가 한국과 카자흐스탄 간의 관계를 개선시키는 데 도움이 되는 것으로 인식하고 있다. 반면, 고려인들은 축제가 지역의 경제발전에 도움이 된다는 생각에 평균점수가 가장 낮게 나타났다.

④ 중국조선족, 재일한인, 카자흐스탄 고려인의 정체성에 관한 인식을 간략히 비교해보면 다음과 같다.

중국조선족의 정체성은 한국 지향보다는 조선족을 지향하고 있으며, 특히 중국 국민 지향의 평균점수가 가장 높게 나타났다. 이러한 사실은 다민족 국가인 중국사회에서 소수자로서 위치를 가진 조선족이 주류사회에 성공적으로 진출하기 위한 전략이라고 볼 수 있다. 예를 들면, 중국 국민 지향 8개 항목 중 "조선족들이 한어를 배우고 사용해야 한다고 생각한다" 항목의 평균 점수가 4.32로 가장 높았다는 점이다. 한편, 연변조선족이 생각하는 자신의 정체성은 어디에 가깝다고 한 설문조사 결과를 보면, 전체의 85.3%가 '조선족' 정체성을 가지고 있다고 응답했다. 이러한 사실은 조선족의 배우자 민족에서도 확인할 수 있는데, 전체의 77.9%가 조선족으로 가장 많았다.

재일한인의 정체성은 상대적으로 재일한인 지향이 한국 지향, 일본 지향보다 강한 것으로 나타났다. 그러나 세 개의 정체성의 평균 점수는 일반적으로 오차 범위 내에 있음을 감안할 때, 재일한인이 특정의 정체성을 드러내고 있다고 볼 수 없다. 한편, 오사카 재일한인의 배우자 민족은 재일한인이 69.6%로 가장 많았고, 일본인이 25.3%로 나타났다.

카자흐스탄의 고려인들은 한국 지향 및 고려인 지향 관련 항목보다는 카자흐스탄 지향 관련 항목에서 상대적으로 높은 평균점수를 보이고 있다는 것이 특징적이다. 그러나 자신의 정체성이 어디에 가깝다고 생각하는지에 대한 질문에서는 전혀 다른 결과를 보여주고 있다. '고려인'의 정체성을 가지고 있다고 응답한 비율이 전체의 89.9%를 차지하였으며, 고려인+카자흐인 정체성이 4.8%, 카자흐인 정체성인 3.6%에 머물렀다. 카자흐스탄 고려인의 정체성이 고려인 지향보다 카자흐스탄 지향이 높게 나타난 이유는 체제이행기 상황에 놓여 있는 카자흐스탄사회에 안정적으로 재적응해야 하는 고려인의 처지와 연관이 있는 것으로 볼 수 있다. 즉 고려인들은 소비에트시기와는 전혀 다른 카자흐화 정책이 진행되고 있는 현재의 상황에서 카자흐스탄의 역사와 문화에 대해 잘 이해해야 하고, 국가어인 카자흐어를 잘 구사할 줄 알아야 한다는 것이다.

⑤ 중국조선족, 재일한인, 카자흐스탄 고려인의 모국에 대한 인식 및 모국과의 연계 활동을 간략히 비교해보면 다음과 같다.

중국조선족은 모국과의 친밀도나 방문 경험, 모국에 가족 및 친척 거주 등을 보면, 전반적으로 모국 방문 및 교류활동이 활발하게 이루어지고 있다. 그리고 모국과의 연계 활동은 '한국의 드라마, 영화, K-pop을 자주 접하고 있다' 항목이 평균 3.20으로 가장 높게 나타났다. 다음으로, '한국에 있는 가족, 친척으로부터 돈이나 선물을 받았다' 항목으로 나타났다.

재일한인은 모국과의 친밀도나 방문 경험, 모국에 가족 및 친척 거주 등을 보면, 카자흐스탄 고려인보다 모국 방문 및 교류활동이 활발하게 이루어지고 있다. 모국 문화의 향유 측면에서도 전통음식이나 한국의 전반적인 문화에 대해 관심이 많다. 그리고 모국과의 연계 활동은 '한국의 드라마, 영화, K-pop을 자주 접하고 있다' 항목이 평균 3.36으로 가장 높게 나타났다.

카자흐스탄 고려인은 모국과의 친밀도나 방문 경험, 모국에 가족 및 친척 거주 등을 보면, 아직까지는 모국 방문 및 교류활동이 활발하게 전개되지 못하고 있다. 모국의 전통문화 향유에서는 전통음식을 자주 해먹고 있으며, 결혼풍습을 유지하고 있다. 그리고 카자흐스탄 고려인들의 모국과의 연계 활동은 '한국의 드라마, 영화, K-pop을 자주 접하고 있다'라는 항목이 평균 2.83으로 가장 높게 나타났다. 이러한 결과에서 볼 때, 카자흐스탄 고려인의 모국 연계 활동은 활발하게 이루어지지 못하고 있는 것으로 요약된다.

요약하면, 중국조선족, 재일한인, 카자흐스탄 고려인은 전반적으로 한국의 TV 드라마, 영화, K-pop 등을 자주 접하고 있다. 이는 최근 한류가 글로벌 문화트렌드로 부상하고 있다는 사실과 직접적인 연관이 있다. 이러한 점에서 한류가 코리안 디아스포라와 모국 간의 교류 및 소통을 활성화하는 데 긍정적인 기여를 할 것으로 이해할 수 있다.

지금까지 중국조선족, 재일한인, 카자흐스탄 고려인들을 통해 코리안 디아스포라의 의식주 생활, 축제, 정체성, 모국과의 연계 활동 등에 대해 살펴보았다. 그러나 이 책은 특정 지역을 대상으로 진행된 연구라는 점에서 세계 180여 국가에 거주하고 있는 코리안 디아스포라의 의식주 생활 및 정체성, 모국 연계 활동 등에 대한 일반적 특성을 규명하는 데 일정한 한계를 가지고 있다. 이러한 한계는 앞으로 조사지역을 확대하여 다양한 사례들을 수집하고 조사하는 추가적인 연구를 통해 보완될 것으로 기대한다.

| 참고문헌 |

갈라노바딜노자 · 박미숙 · 김영순(2016), “우즈베키스탄계 고려인 결혼이주여성의 자녀 이중언어교육 방식에 대한 사례 연구”, 『교육문화연구』, 22(2): 317-347.

강내영(2012), “중국 문화산업 발전역정과 특징 연구: ‘정부주도형 시장화 발전모델’,” 『중국문학연구』제48집.

강재식(2001), “CIS체제 이후 중앙아시아 지역 고려인의 생활 문화와 민족정체성”, 『아태연구』, 8(1): 105-131.

경혜영(2011), “러시아 연해주 고려인 학생의 민족 정체성 조사 연구: 극동국립대학교 한국학대학을 중심으로”, 『경기대학교 대학원 논문집』, 41: 155-177.

고광신 · 김형태(2011), “국내거주 고려인의 심리 · 사회적응에 영향을 미치는 요인”, 『교회와 사회복지』, 15: 45-84.

곽동근 · 임영상(2017), “고려인동포의 ‘귀환’과 도시재생: 안산 고려인마을을 중심으로”, 『역사문화연구』, 64: 175-211.

권기배(2014), “디아스포라와 망각을 넘어 기억의 복원으로: 러시아 및 중앙아시아 한인 망명문학 연구(3): ‘3시기 작가’의 ‘정체성문제’를 중심으로”, 『외국학연구』, 29: 331-352.

김 혁(2010). “실증적 분석을 통한 중앙아시아 언어지위의 재구성 연구: 카자흐스탄, 우즈베키스탄을 중심으로.” 제2차 중앙아시아 국내학술대회.

김게르만(2009), “CIS(독립국연합 : 러시아 중앙아시아) 고려인의 역사성과 정체성”, 『전남대학교 세계한상문화연구단 국내학술회의』274-292.

김경학(2014), “중앙아시아 고려인의 한국 이주와 정착: 광주 ‘고려인 마을’을 중심으로”, 『국제지역연구』, 17(4): 259-281.

______(2015), “우즈베키스탄 고려인의 한국 이주와 가족유형의 성격”, 『디아스포라연구』, 9(2): 37-67.

김경희(2010), 「한류를 통한 한국 · 일본 · 재일코리언의 새로운 관계 구축을 위한 제언」, 『재외한인연구』 제22호, pp.1-16.

김규륜 외(2012), 『공공외교의 이론적 조명과 주변4국의 한반도 통일 공공외교 분석틀』. 서울: 통일연구원.

김영기(1998), “구소련지역 고려인 언론과 민족 정체성”, 『현대사회과학연구』, 9(1): 437-461.

김영술 · 홍인화(2013), “중앙아시아 고려인의 광주지역 이주와 문화변용에 관한 연구”, 『디아스포라 연구』, 7(1): 131-161.

김용범(2012), 『중국의 무형문화유산 제도 변화에 대한 정책적 대응 방안 연구』서울: 한국문화관광연구원.

김재기(2014), “광주광역시 광산구지역 귀환 고려인의 이주배경과 특성”, 『재외한인연구』, 32: 139-163.

______(2008). “코리아스포라(Koriaspora)와 모국관계의 정치경제: state-linked diaspora 관점에서.” 전남대학교 세계한상문화연구단 학술회의, 2008년 8월, 451-470.

김재기 · 정금칠(2015). “미국 버지나아의회의 동해병기법과 재미한인 디아스포라의 정치활동: ‘미주한인의 목소리’(VoKA)의 활동을 중심으로.” 『한국동북아논총』 제74호 243-268.

김중관(2016), “중앙아시아 고려인의 이주과정과 민족문화의 정체성”, 『한국글로벌문화학회지』, 7(1): 1-29.

김혜련(2015), 「말레이시아 화인디아스포라의 모국관계 연구」, 『민족연구』 제61호, pp.85-86.

김혜련 · 여병창(2012), “한국화교의 디아스포라적 다중정체성 고찰”, 『국제언어문학』 제25호.

김혜진(2008), “고려인 청년층의 민족정체성 형성과정에 대한 고찰: 모스크바 및 남부 러시아 지방을 중심으로”, 『슬라브학보』, 23(4): 279-298.

______(2016), “한국 거주 고려인청년층의 민족정체성 변화”, 『슬라브학보』, 31(2): 31-69.

남혜경 · 이미정(2016), “한국 거주 고려인청년의 문화적응 경험에 관한 질적 연구”, 『인문사회21』, 7(3): 31-69.

리단(2015), “한반도 통일 공공외교: 중국 조선족동포의 역할을 중심으로”, 『재외한인연구』제35호, 101-124.

박동훈 · 안화선(2012), “중국조선족의 초국가적 활동과 한반도: 디아스포라의 초국가적 성격에 관한 시각을 중심으로”, 『평화학연구』제13권 1호, 173-201.

박명진(2005), “중앙아시아 고려인 문학에 나타난 민족 정체성: 희곡 텍스트를 중심으로”, 『인문연구』, 48: 39-67.

반병률(2008), “러시아 한인(고려인)사회와 정체성의 변화: 러시아 원동 시기(1863~

1937)를 중심으로", 『한국사연구』, 140: 99-124.
법무부 출입국관리국 외국적동포과(2007), 『방문취업제, 어떤 제도인가요』.
선봉규(2014), "중국 연변조선족의 9 · 3절 기념 축제의 콘텐츠와 정체성 연구," 『평화학연구』제15권 3호.
______(2014), "체제이행기 카자흐스탄 사회의 변화와 고려인의 적응", 『민족연구』 61, 124-143.
______(2017a), "한국에서 외국인 집거지의 형성과 공간적 특성에 관한 연구: 광주광역시 고려인마을을 중심으로", 『한국동북아논총』, 83: 193-214.
______(2017b), "다문화가정 자녀의 교육 현황 및 과제: 광주광역시 거주 고려인동포 자녀를 중심으로", 『인문사회 21』, 8(2): 803-829.
선봉규 · 배준환(2018a), "코리안디아스포라의 정체성에 관한 비교연구: 중국조선족, 재일한인, 카자흐스탄 고려인 사례", 『인문사회지』9(1).
선봉규 · 파르피에브 스름(2018b), "한국에 귀환 이주한 고려인의 정체성에 관한 연구", 『인문사회지』9(5).
성동기(2012), "체제전환기에 나타난 우즈베키스탄 고려인 독립세대의 정체성 문제와 대응방안 고찰: 국가정체성과 민족정체성 확립을 위한 교육정책을 중심으로", 『역사교육』, 121: 191-219.
______(2013), "재우즈베키스탄 고려인 민족정체성의 현실과 과제", 『민족연구』, 56: 24-46.
______(2005), "구소련 붕괴 후 우즈베키스탄과 카자흐스탄에 나타나는 고려인의 실태 비교", 『비교문화연구』17, 53-75.
손영훈(2006), "카자흐스탄의 '러시아인 문제'와 카자흐화 정책", 『중동연구』25(2), 117-150.
______(2010), "중앙아시아 고려인 엘리트와 지원방안", 제2차 중앙아시아 국내학술대회.
신기영(2015). "디아스포라론과 동아시아속의 재일코리안." 『일본비평』14호.
신양섭(2003). "소련붕괴 이후 중앙아시아 각 국의 문화정책 연구." 『중동연구』22(1), 103-158.
엄넬리(2005), "러시아 차세대 고려인의 정체성과 민족교육", 『전남대학교 세계한상문화연구단 국제학술회의』, 212-216.
오광현(2017), "오사카시 이쿠노구 지역에서의 재일(자이니치) 한국인의 사회 참여 - 복지 · 마을 만들기의 관점에서", 『재외동포재단 창립 20주년 기념 2017 세계한인학술대회 자료집』, p.161.

오세호(2016), "중앙아시아 고려인사회의 정체성과 홍범도 인식(1937~1964)", 『한국독립운동사연구』, 55: 260-297.
외교부(2015), 『2015 재외동포현황』.
______(2017), 『2017 재외동포현황』.
우병국(2010), "남북교류 활성화와 재중동포사회의 역할: 현황, 한계 및 전망", 『동서연구』제22권 제1호, 339-361.
유호근(2013), "스포츠 교류협력의 국제정치: 공공외교적 함의", 『평화학연구』제14권 1호, 53-74.
윤인진(2014), "독립국가연합 고려인의 사회 정체성과 언어 사용 실태", 『재외한인연구』, 33: 63-91.
______(2002), "세계 한민족의 이주 및 정착의 역사와 한민족 정체성의 비교연구", 『재외한인연구』12.
윤형숙 외(2000), "소련 사회주의체제 해체 후 카자흐스탄 종족민족주의(ethnonationalism)의 부활과 고려인의 정체성", 『비교문화연구』, 6(1): 3-62.
이영심 · 최정신(2008), "우리나라에 거주하는 고려인(高麗人)의 주거 및 주생활: 재한(在韓) 고려인 이주 노동자의 주거 지원을 위한 탐색", 『Family and Environment Research』, 46(4): 47-59.
이영형 · 김정훈(2015), "이르쿠츠크 고려인의 한민족 정체성과 한국에 대한 인식: 설문조사 내용 분석을 중심으로", 『한국시베리아연구』, 19(1): 175-212.
이은정(2015), "우즈베키스탄 고려인의 귀환 이주: 대구지역 고려인의 사례를 중심으로", 『지방사와 지방문화』, 18(1): 219-249.
이진영(2014), "통일과 글로벌 코리안 네트워크의 구축: 재외동포와 신뢰프로세스", 『문화와 정치』창간호, 63-83.
______(2014), "이주 150년 고려인과 통일", 『통일고리』97.
이진영 · 김선아(2017), "고려인의 음식 문화와 정체성", 『문화와 정치』, 4(1): 63-96.
임영상 · 김상철(2002), "중앙아시아 고려인 3, 4세대의 의식과 생활문화", 한국외국어대학교 역사문화연구소 편, 『독립국가연합: 고려인사회 연구』서울: 재외동포재단.
임영상 · 정막래(2016), "한국속의 러시아: 고려인마을을 중심으로", 『동서인문학』, 52: 275-295.
임영언 · 박갑룡(2015), "재일청년 학도의용군 6 · 25전쟁 참전과정 분석과 보훈선양 방안 연구", 『한국보훈논총』 제14집 1호, pp.35-62.
임채완(1999), "중앙아시아 한인 연구 : 중앙아시아 고려인의 언어적 정체성과 민족의

식”,『사회과학연구소 연구총서 5』, 전남대학교 사회과학연구소.
______(2002), “러시아 연해주 고려인의 민족정체성 조사 연구”,『통일문제연구』, 14(2): 105-133.
______(2002), “연변조선족의 북한통일관 조사연구”,『한국과 국제정치』제18권 4호 163-197.
임채완 · 선봉규 · 박경환 · 전형권 · 이장섭 · 허성태(2013),『코리안 디아스포라: 이주루트와 기억』, 성남: 북코리아.
임채완 · 선봉규(2013), “과계민족으로서 중국조선족 민족정체성과 문화변용의 상관성 연구”,『세계지역연구논총』제31집 3호.
재외동포재단(2015),『한반도 통일과 재외동포의 역할』. 재외동포재단 광복 70주년 기념 재외동포 전문가 포럼, 서울, 2015년 8월 26일.
재외한인학회(2014),『통일과 재외동포』, 재외한인학회 2014 연례학술대회, 서울, 2014년 11월 19일.
전병곤 외(2013),『한국의 대중국 통일공공외교 실태』, 서울: 통일연구원.
전병국(2010), “고려인 강제 이주 원인과 민족 정체성”,『러시아어문학 연구논집』, 35: 201-221.
전봉수(2014), “부랴티야 공화국 한인 디아스포라의 민족어 사용과 혈통 그리고 민족정체성”,『디아스포라 연구』, 8(2): 131-164.
전일욱(2009), “중국 소수민족 정책에 대한 SWOT 분석”,『평화학연구』제10권 4호.
전형권 · Yulia Yim(2006), “우즈베키스탄의 민족정책과 고려인 디아스포라 정체성: 고려인 설문조사 분석을 중심으로”,『슬라브학보』, 21(2): 351-380.
정덕준 · 정미애(2007), “CIS지역 러시아 고려인 소설 연구: 민족정체성의 변화 양상을 중심으로”,『한국문학이론과 비평』, 34: 375-402.
정신철(1999),『중국조선족사회의 변천과 전망』, 중국: 요녕출판사.
정영숙 · 박영선(2009), “우즈베키스탄 고려인의 한국 전통 음식에 대한 인식과 민족정체성과의 관계”,『동아시아식생활학회지』, 19(5): 668-680.
정진성(2012), “‘재일동포’의 호칭의 역사성과 현재성”,『일본비평』 제7집, pp.258-287.
조세영(2015), “재일코리안사회의 통일공공외교의 현황과 전망”,『통일지지 기반 확대를 위한 재외동포의 역할 모색』, 재외한인학회 통일과 재외동포 학술회의, 서울, 2015년 11월 27일.
진행남(2013), “중견국의 소프트파워 증진 방안: 한국의 공공외교를 중심으로”,『jpi정책포럼』, 2013년 3월, 제주: 제주평화연구원.
최영호(2012), “초국가주의 시각에서 본 재일한인의 투표권”,『재외한인연구』 제28호,

pp.159-185.
최우길(2011), “남북관계와 중국 조선족 사회: 한국체류 조선족 청년에 대한 의식조사를 중심으로”, 『디아스포라연구』제5권 제1호, 21-35.
______(2014), “조선족 정체성 다시 읽기: 세 차원의 의식에 관한 시론”, 『재외한인연구』34호, 95-131.
최인범(2003), “한민족 동포경제 현황과 한국 경제에 미치는 영향”, 프레드 벅스텐 · 최인범, 『코리안 디아스포라와 세계경제』, 국제경영연구소.
최창모(2016), “이스라엘과 유대인 디아스포라의 관계 분석 연구”, 『디아스포라연구』 제10권 제2호, p.37.
최한우(2000), “중앙아시아 민족주의 운동과 고려인 집단 정체성 문제”, 『아시아태평양지역연구』, 3(1): 182-220.
출입국 · 외국인정책본부(2018), 『출입국 · 외국인정책 통계월보』, 2: 1-36.
피터 김(2015), “재미동포와 통일공공외교의 현황과 전망”, 『통일지지 기반 확대를 위한 재외동포의 역할 모색』, 재외한인학회 통일과 재외동포 학술회의, 서울, 2015년 11월 27일.
피터 김(2015), 『미국 버지니아주 교과서 동해병기 백서: 어떻게 동해병기를 이루어냈는가』, Printvill.
한국정치학회(2014), 『통일한국 공공외교 제도화 방안 연구』, 서울: 통일부.
한영혜(2017), “협정영주권과 재일한인 정체성의 재구성 - ‘조선’과 ‘한국’: 경계짓기와 경계넘기”, 『사회와 역사』제113집, pp.161-218.
현승수(2014), “다민족 국가 카자흐스탄의 소수민족 정책: 체첸인구시인 디아스포라의 사례”, 『러시아연구』24(1), pp.245-278.
홍숙영(2017), “고려인의 귀환과 이주의 내러티브 탐색”, 『다문화사회연구』, 10(2): 119-143.
황병덕 외(2013), 『한반도 통일공공외교 추진전략 II-한국의 주변4국 통일공공외교의 실태 연구』, 서울: 통일연구원.

Cohen, R(1997), Global Diasporas: An Introduction (London: UCL, Press), p.26.
Hans N. Tuch(1990), *Communicating with the World: US Public Diplomacy Overseas*. New York: St. Martin's Press.
John T. Rourke(2006), *International Politics on the World Stage*. Boston: McGraw-Hill.
Reis, M(2004), “Theorizing Diaspora: Perspectives on ‘Classical’ and ‘Contemporary’ Diaspora,” International Migration, Vol.42, p.54.

Safran, W(1991), "Diasporas in modern societies: myths of homeland and return," Diaspora: A Journal of Transnational Studies, Vol.1, No.1, pp.83-84.
The United States Advisory Commission on Public Diplomacy(2008), "Getting the People Part Right: A Report on the Human Resources Dimension of U.S. Public Diplomacy."

강원도 예총, http://www.artgw.co.kr
모이자 커뮤니티, http://bbs.moyiza.com
행정자치부, '2015년도 지방자치단체 외국인주민 현황', http://www.moi.go.kr

강원타임즈, 2015.10.01.
길림신문, 2014.12.31; 2013.08.08; 2013.05.20; 2013.05.05.; 2013.01.18; 2012.12.17; 2012.01.15.
뉴스모아, 2017.02.03; 2012.09.05.
뉴시스, 2015.08.17.
동북아신문, 2006.04.11.
연길뉴스, 2014.09.16.
연변인터넷방송, 2014.05.16.
연변일보, 2014.08.11; 2012.08.29; 2010.6.3; 2007.4.30.
인민넷, 2016.06.30; 2013.06.07; 2010.09.25; 2010.09.13.
재외동포신문, 2010.09.15.
정치닷컴, 2013.10.17.
제천단양뉴스, 2015.08.20.
중국동포타운신문, 2013.06.30.
중국조선어인터넷방송, 2013.04.19.
충북뉴스, 2015.07.30.
한국경제, 2009.02.20.

중국 연변조선족의 의식주 생활, 정체성, 모국 인식에 관한 설문조사

번호			

안녕하십니까?

한국 전남대학교 세계한상문화연구단은 세계 곳곳에 정착하여 살고 있는 재외동포들의 이주, 정착, 문화생활, 기업활동 등을 조사하여 국가정책에 반영될 수 있도록 정책 현안을 연구하는 기관입니다.

본 연구단에서는 중국 연변조선족의 의식주 생활, 정체성, 모국관계에 대한 조사 연구를 수행하고 있습니다. 응답해 주신 모든 내용과 개인 신상에 관한 사항은 통계법 제33조에 의거하여 연구목적으로만 사용될 것이며, 절대 비밀이 보장됩니다. 본 설문에는 정답이나 오답이 없으며, 한 문장이라도 응답하지 않으면 연구에 사용될 수 없습니다. 그러니 다소 시간이 걸리더라도 자신의 생각을 솔직하게 한 문항도 빠짐없이 답해주시기 바랍니다.

귀하의 성실한 답변은 중국 연변조선족에 대한 한국의 지원 정책 수립 및 서비스 제공에 유용하게 사용될 것입니다.

바쁘시더라도 협조 부탁드립니다.

2015년 2월

한국 전남대학교 세계한상문화연구단 조사담당자: 선봉규 연구교수

전화: 82+62-530-2702

E-mail: polisun@hanmail.net

I. 귀하의 일반적 사항에 대한 질문입니다.

1. 성별	① 남성 ② 여성
2. 연령	(만 세)
3. 학력	① 초등졸업 ② 중등졸업 ③ 고등졸업 ④ 2년제 대학졸업 ⑤ 4년제 대학졸업 ⑥ 대학원 ⑦ 무학 ⑧ 기타( )
4. 직업	① 전문직(교수, 의사, 변호사 등) ② 일반 전문직(기술자, 교원, 문화예술가 등) ③ 공무원 ④ 사무직(회사원 등) ⑤ 판매직(도소매업 등) ⑥ 서비스직(세탁소, 이발소, 미장원, 식당, 호텔, 여관 등) ⑦ 생산직(제조업, 운수업, 인쇄업 등) ⑧ 농업, 임업, 수산업, 축산업 등 ⑨ 가정주부 ⑩ 대학생 ⑪ 기업 CEO ⑫ 기타( )
5. 출생지	( )
6. 현 거주지 및 이주년도	현 거주지 ( ) / 현 거주지 이주년도 (년)
7. 세대 구분	① 1세(한반도 출생) ② 2세(부모 중국 출생) ③ 3세(조부모 중국 출생) ④ 4세(증조부모 중국 출생) ⑤ 5세(고조부모 중국 출생) ⑥ 기타 ( )
8. 혼인상태	① 기혼 ② 미혼 ③ 이혼 ④ 사별 ⑤ 기타 ( )
9. 배우자의 민족	① 조선족 ② 한족 ③ 기타 ( )
10. 연수입	① 5만위안미만 ② 5만위안이상-10만위안미만 ③ 10만위안이상-15만위안미만 ④ 15만위안이상-20만위안미만 ⑤ 20만위안이상-25만위안미만 ⑥ 25만위안이상-30만위안미만 ⑦ 30만위안이상
11. 한어 의사소통 수준	① 매우 못함 ② 조금 못함 ③ 보통 ④ 조금 잘함 ⑤ 매우 잘함
12. 조선어 의사소통 수준	① 매우 못함 ② 조금 못함 ③ 보통 ④ 조금 잘함 ⑤ 매우 잘함

II. 다음은 의식주생활에 대한 질문입니다. 해당되는 곳에 ✓ 표시 해주세요.

1. 귀하는 한복을 어느 때 입습니까? 해당되는 모든 곳에 ✓ 표시하세요.

① 돌잔치 ② 결혼식 ③ 회갑

④ 축제 ⑤ 설날 ⑥ 추석

⑦ 제사 ⑧ 기타

2. 다음은 한복에 대한 귀하의 인식을 묻는 질문입니다. 해당되는 곳에 ✓ 표시하세요.

질문 항목	1 = 전혀 그렇지 않다. 2 = 그렇지 않다. 3 = 보통이다. 4 = 그렇다. 5 = 매우 그렇다.				
나는 한복이 조선족의 전통의상이라고 생각한다.	1	2	3	4	5
나는 한복에 대해 자부심을 갖고 있다.	1	2	3	4	5
나는 한복이 보기에는 좋으나 활동성 때문에 입고 다니기에 불편하다고 생각한다.	1	2	3	4	5
나는 한복이 시대에 뒤떨어져 보이므로 양장을 선호한다.	1	2	3	4	5
나는 자녀들이 한복을 입었으면 좋겠다고 생각한다.	1	2	3	4	5
나는 한복을 입고 싶어도 경제적인 이유로 한복을 입지 못한다.	1	2	3	4	5

3. 귀하는 가정에서 김치를 담가서 먹고 있습니까?

① 있다 ② 없다

4. 귀하는 가정에서 고추장, 된장을 담가서 먹고 있습니까?

① 있다 ② 없다

5. 귀하의 가정에서 설 명절에 만들어서 먹는 음식은 무엇입니까? 해당되는 모든 곳에 ✓ 표시하세요.

① 떡국 ② 갈비찜 ③ 전
④ 한과 및 강정 ⑤ 잡채 ⑥ 기타 ( )

6. 귀하의 가정에서 추석 명절에 만들어서 먹는 음식은 무엇입니까? 해당되는 모든 곳에 ✓ 표시하세요.

① 송편 ② 갈비찜 ③ 전

④ 한과 및 강정 ⑤ 잡채 ⑥ 기타 ( )

7. 귀하의 가정에서 주로 먹는 음식은 무엇입니까?

① 조선족 음식 ② 한족 음식 ③ 조선족 음식+한족 음식

8. 귀하는 현재 주거생활 환경에 대해 어느 정도 만족하고 있습니까?

질문 항목	1 = 전혀 만족하지 않는다. 2 = 만족하지 않는다. 3 = 보통이다. 4 = 만족한다. 5 = 매우 만족한다.				
주거시설의 비용	1	2	3	4	5
집 주변 청소 및 쓰레기 처리 상태	1	2	3	4	5
시장, 대형 마트 등 이용	1	2	3	4	5
각종 사회복지시설 이용	1	2	3	4	5
병원, 보건소 등 의료시설 이용 환경	1	2	3	4	5
주변 자연환경	1	2	3	4	5
치안, 범죄 등 안전 상태	1	2	3	4	5
미취학 자녀의 양육 환경	1	2	3	4	5
학교, 학원 등 교육 환경	1	2	3	4	5

9. 다음은 조선족 축제에 대한 귀하의 인식을 묻는 질문입니다. 해당되는 곳에 ✓ 표시하세요.

질문 항목	1 = 전혀 그렇지 않다. 2 = 그렇지 않다. 3 = 보통이다. 4 = 그렇다. 5 = 매우 그렇다.				
나는 조선족의 축제가 조선족의 이미지를 높여준다고 생각한다.	1	2	3	4	5
나는 조선족의 축제가 조선족의 자긍심을 높여준다고 생각한다.	1	2	3	4	5
나는 조선족의 축제가 다른 조선족들과 친근감을 맺게 해준다고 생각한다.	1	2	3	4	5
나는 조선족의 축제가 민족문화를 유지, 계승하는 데 도움이 된다고 생각한다.	1	2	3	4	5
나는 조선족의 축제가 지역의 경제 발전에 도움이 된다고 생각한다.	1	2	3	4	5
나는 조선족의 축제가 한족 및 다른 민족들과 관계를 개선시키는 데 도움이 된다고 생각한다.	1	2	3	4	5
나는 조선족의 축제가 한국과 중국 간의 관계를 개선시키는데 도움이 된다고 생각한다.	1	2	3	4	5
나는 조선족의 축제가 한국의 이미지를 높여준다고 생각한다.	1	2	3	4	5
나는 조선족의 축제가 한국의 제품 이미지를 높여준다고 생각한다.	1	2	3	4	5

III. 다음은 귀하의 정체성에 관한 질문입니다. 해당되는 곳에 ✓ 표시 해주세요.

질문 항목	1 = 전혀 그렇지 않다. 2 = 그렇지 않다. 3 = 보통이다. 4 = 그렇다. 5 = 매우 그렇다.				
나는 한국어로 글을 쓸 수 있다.	1	2	3	4	5
나는 일상생활에서 한국어를 사용한다.	1	2	3	4	5
나는 가족과 대화에서 한국어를 사용한다.	1	2	3	4	5
나는 한국의 문화에 대해 관심이 많다.	1	2	3	4	5
나는 한국의 전통명절(설날, 추석)을 지키고 있다.	1	2	3	4	5

나는 한국의 결혼 풍습을 지키고 있다.	1	2	3	4	5
나는 한국의 전통음식을 자주 먹는다.	1	2	3	4	5
나는 조선족의 전통 행사에 참여하고 있다.	1	2	3	4	5
나는 조선족의 후손이라는 사실이 자랑스럽다.	1	2	3	4	5
나는 조선족에게 친근감을 느낀다.	1	2	3	4	5
나는 나의 조선족 배경에 대해 잘 안다	1	2	3	4	5
나는 조선족의 역사, 전통, 관습 등에 대해 알려고 노력한다.	1	2	3	4	5
나는 주로 조선족들로 구성된 조직체 또는 사회단체(고려인협회, 문화단체 등)에 적극 참여한다.	1	2	3	4	5
나는 조선족에게 강한 소속감을 가지고 있다.	1	2	3	4	5
나는 다른 사람에게 조선족의 역사와 문화에 대해 자주 이야기한다.	1	2	3	4	5
나는 조선족의 전통과 문화가 보존, 계승되어야 한다고 생각한다.	1	2	3	4	5
나는 중국을 비하하는 기사를 보면 매우 기분 나쁘다.	1	2	3	4	5
나는 중국에서 생활하는 것이 자랑스럽다.	1	2	3	4	5
나는 중국의 국적을 갖는 것이 기쁘다.	1	2	3	4	5
나는 중국의 지역사회에서 구성원으로 인정받는다.	1	2	3	4	5
나는 중국의 이주민정책에 만족한다.	1	2	3	4	5
나는 중국의 역사, 전통, 관습 등에 대해 알려고 노력한다.	1	2	3	4	5
나는 중국의 역사와 문화에 대해 잘 안다.	1	2	3	4	5
나는 중국에 대한 강한 소속감을 느낀다.	1	2	3	4	5
나는 다른 사람에게 중국에 대해 자주 이야기 한다.	1	2	3	4	5
나는 조선족들이 한어를 배우고 사용해야 한다고 생각한다.	1	2	3	4	5

IV. 다음은 한국과의 관계에 대한 질문입니다. 해당되는 곳에 ✓ 표시 해주세요.

10. 귀하는 자신의 정체성이 어디에 가깝다고 생각하십니까?

① 조선족 ② 한족 ③ 조선족/한족

④ 기타

11. 귀하는 한국에 대해 어느 정도 친밀하다고 생각하십니까?

① 매우 가깝다　② 가깝다　③ 보통이다

④ 멀다　⑤ 매우 멀다

12. 귀하는 5년동안 한국을 얼마나 방문하셨습니까?

① 없다　② 2-3년에 1회 방문

③ 매년 1회 방문　④ 1년에 2-3회 방문

⑤ 필요할 때 자주 방문

14. 귀하는 한국에 가족이나 친척이 살고 있습니까?

① 예　② 아니오

15. 다음은 한국관련 활동에 관한 질문입니다. 해당되는 곳에 ✓ 표시 해주세요.

질문 항목	1 = 전혀 그렇지 않다. 2 = 그렇지 않다. 3 = 보통이다. 4 = 그렇다. 5 = 매우 그렇다.				
나는 한국의 단체나 조직의 프로그램에 자녀를 보낸 적이 있다.	1	2	3	4	5
나는 한국의 단체나 조직의 모임에서 적극 활동하고 있다.	1	2	3	4	5
나는 한국의 정치에 관여하거나 활동한 적이 있다.	1	2	3	4	5
나는 한국의 TV 드라마, 영화, K-Pop 등을 자주 접하고 있다.	1	2	3	4	5
나는 한국의 축제, 문화 활동에 적극 참여하고 있다.	1	2	3	4	5
나는 한국의 신문, 잡지, 인터넷 사이트 등을 자주 보고 있다.	1	2	3	4	5
나는 한국에 있는 가족이나 친척에게 돈이나 선물을 보낸 적이 있다.	1	2	3	4	5
나는 한국에 있는 가족이나 친척으로부터 돈이나 선물을 받았다.	1	2	3	4	5
나는 향후 한국에서 생활하고 싶다.	1	2	3	4	5
나는 중국에 계속 거주하여 생활할 것이다.	1	2	3	4	5

V. 다음은 한국의 통일공공외교에 대한 질문입니다. 해당되는 곳에 ✓ 표시 해주세요.

통일공공외교의 개념: 한반도의 통일에 대한 상대국 국민들의 인식을 긍정적으로 변화시킬 수 있는 정부 또는 비정부 행위자들의 의도적 노력을 말한다. 즉, 한국의 통일 정책 및 한반도 통일 방안에 대한 긍정적 인식을 확산시키는 것을 목표로 행해지는 전반적인 외교활동을 포함한다.

16. 귀하는 한국이 통일공공외교를 효과적으로 추진하고 있다고 생각하십니까?

① 전혀 그렇지 않다 ② 그렇지 않다 ③ 보통이다
④ 그렇다 ⑤ 매우 그렇다

17. 귀하는 한국의 통일공공외교를 주로 어떤 경로를 통해 접하고 있습니까?

① 정책홍보지 ② 언론매체 ③ 인터넷
④ 가족 및 친구 ⑤ 교사 및 교과서
⑥ 기타 ( )

18. 귀하는 한국이 추진하는 통일공공외교가 조선족(한족 포함)들이 한반도 상황과 한반도 통일관련 실태를 파악하는 데 도움을 주었다고 생각하십니까?

① 전혀 그렇지 않다 ② 그렇지 않다 ③ 보통이다
④ 그렇다 ⑤ 매우 그렇다

19. 귀하는 한국의 통일공공외교가 조선족(한족 포함)들에게 어떤 부분에서 영향을 미쳤다고 생각하십니까?

① 한반도의 안보 상황 ② 북한 핵 위협
③ 한반도 통일의 중요성 ④ 동북아지역 안정의 중요성
⑤ 북한 체제의 성격

20. 귀하는 한국의 통일공공외교 추진에서 가장 장애가 되는 요인은 무엇이라고 생각하십니까?

① 북한 핵 문제 ② 북한의 폐쇄정책 ③ 남북한 상호불신

④ 남북한 주민의 통일에 대한 거부감 ⑤ 주변국의 우려

⑥ 기타 (   )

21. 귀하는 한국의 對 중국 통일공공외교가 어느 분야에서 가장 활발하게 전개되고 있다고 생각하십니까?

① 북한 핵 문제 해결의 필요성 홍보 ② 한반도의 평화와 안정 증진

③ 동북아의 평화와 안정 증진 ④ 한반도 통일의 필요성 홍보

22. 귀하는 한국의 對 중국 통일공공외교가 조선족(한족 포함)들이 한반도 통일에 도움을 주어야겠다고 생각하도록 유도하는데 효과적이었다고 생각하십니까?

① 전혀 그렇지 않다 ② 그렇지 않다 ③ 보통이다

④ 그렇다 ⑤ 매우 그렇다

23. 귀하는 한국의 통일공공외교가 중점을 두어야 할 분야는 무엇이라고 생각하십니까?

① 동아시아 평화안정 ② 북한의 변화 유도

③ 동아시아 정치적 민주주의 ④ 동아시아 경제발전

24. 귀하는 북한의 변화를 유도하는 데 가장 필요한 정책은 무엇이라고 생각하십니까?

① 북한의 민주화 ② 북한의 개혁 · 개방

③ 북한의 국제사회 편입 ④ 북한의 비핵화

25. 귀하는 한국이 對 중국 통일공공외교를 추진하는 데 누구를 대상으로 해야 한다고 생각하십니까?

① 정치인　② 정부관료　③ 학자/전문가

④ 언론　⑤ 일반국민

26. 귀하는 한국의 통일공공외교 활동에 대해 가장 긍정적으로 생각하는 국가는 어디라고 보십니까?

① 미국　② 중국　③ 일본

④ 러시아　⑤ 기타 (　　　　)

27. 귀하는 그 동안 한국이 추진해왔던 한반도 통일공공외교에 대해 어떻게 평가할 수 있겠습니까?

① 1점　② 2점　③ 3점　④ 4점　⑤ 5점

VI. 마지막으로 한국정부에 대한 희망사항, 요구사항 등을 자유롭게 기술하세요.

설문조사에 협력해주셔서 대단히 감사합니다.

在日韓国人の 衣食住 生活, アイデンティティ,

韓国関係に関する質問書

おはようございます。

韓国全南大学教所属の世界韓商文化研究団は、世界各国に生活している在外同胞たちの移住、定着、文化生活、企業活動などを検討、国家政策に反映されるよう政策懸案を研究する機関でございます。特に、本研究団では、在日韓国人の衣食住生活、アイデンティティ、母国との関係に対する研究を集中的にしております。答えてくださる内容と個人のプライバシーに関する事項は、韓国国内法の統計法第３３条に基いて研究目的に限って使用され、絶対秘密が保障されます。お手数ですがご自身のお考えやご意見を全部率直にお答えください。

あなたのアンケートのご回答は在日韓国人に対する韓国政府による同胞政策立案及び今後施策を行う際に、貴重な資料として反映されることをあらかじめ申し上げます。

お忙しいところ、申し訳ございますが、くれぐれもよろしくお願い申し上げます。

2015年 3月

韓国全南大学校 世界韓商文化研究団

電話: +82−62−530−2702 / E−mail: polisun@hanmail.net

I. あなた個人に関する質問です。全部書いて下さい。

1. 性別	① 男性 ② 女性
2. 年齢	(満　才)
3. 学歴	① 小学校卒業 ② 中学校卒業 ③ 高校卒業 ④ 短期大学卒業 ⑤ 専門学校卒業 ⑥ 大学卒業 ⑦ 大学院卒業 ⑧ その他(　)
4. 職業	① 専門職(教授, 医者, 弁護士 等) ② 一般専門職(技術者, 教員, 文化芸術人 等) ③ 公務員 ④ 事務職(会社員 等) ⑤ 販売職(小売業等) ⑥ サービス職(洗濯, 床屋, 美容員, 食堂, ホテル, 旅館 等) ⑦ 生産職(製造業, 運搬業, 印刷業 等) ⑧ 医療・福祉等 ⑨ 農業, 林業, 水産業, 畜産業等 ⑩ 専業主婦 ⑪ 大学生 ⑫ 企業 CEO ⑬ その他(　)
5. 国籍	① 韓国 ② 日本 ③ 朝鮮籍 ④ そのほか(　)
6. 法的地位	① 国籍取得者 ② 永住者 ③ 定住者 ④ 短期滞在者 ⑤ その他 (　)
7. 現住所及び移住年度	現住所(〒　) 現住所に移った年(　)
8. 世代	① 1世(韓国生まれ) ② 2世(両親と共に韓国から渡日) ③ 3世(両親が日本生まれ) ④ 4世(祖父母 日本生まれ) ⑤ 5世(高祖父母日本生まれ) ⑥ その他(　)
9. 結婚	① 既婚 ② 未婚 ③ 配偶者と離婚 ④ 配偶者と死別 ⑤ その他(　)
10. 配偶者の国籍	① 韓国籍 ② 日本籍 ③ 朝鮮籍 ④ その他(　)
11. 年収入	① 200万円以下 ②200万円以上-300万円以下 ③ 300만엔以上-400万円以下 ④ 400万円以上-500万円以下 ⑤ 500万円以上-600万円以下 ⑥ 600万円以上-700万円以下 ⑦ 700万円以上 ⑧ 1,000万円以上
12. 日本語能力	① できない ② 少しだけ ③ 普通 ④ できる ⑤ 上手
13. 韓国語能力	① できない ② 少しだけ ③ 普通 ④ できる ⑤ 上手

II. 衣食住生活に関する質問です。

1. あなたは民族衣装をいつ着ますか？ 該当事項にチェック して下さい。

① 赤ちゃんの一年目誕生日 ② 結婚式 ③ 還暦記念日
④ (旧)正月 ⑤ 秋夕 ⑥ 祭祀
⑦ 祭り ⑧ その他

2. 民族衣装に対する気持ちに関する質問です 。

質問項目	全く 無関心 ⟵		普通		大変 関心 ⟶
私は民族衣装が在日韓国人の伝統衣装だと思う.	1	2	3	4	5
私は民族衣装に対してプライドを持っている.	1	2	3	4	5
私は民族衣装が美しいが、着て出かけるのが不便だと思う.	1	2	3	4	5
私は民族衣装が時代遅れだと思うの で、背広を好む.	1	2	3	4	5
私は子供たちが民族衣装を着てほしいと思う.	1	2	3	4	5
私は経済的に余裕がないので、民族衣装が着られない.	1	2	3	4	5

3. あなたは家庭内でキムチを漬けて食べていますか?

① はい　　② いいえ

4. あなたは家庭内でコチュジャンと 味噌を作って食べていますか?

① はい　　② いいえ

5. あなたの家庭内で(旧正月, 秋夕の際)料理して食べているのは何ですか? 書いて下さい。

(　　　　　　　　　　　　　　　　　　　　)

6. 家庭で主に食べている食べものは何ですか?

① 在日韓国の食べ物　　② 日本の食べ物

③ 在日韓国食べ物+日本食べ物

7. 自宅では畳みの生活ですか?

① はい　　② いいえ

8. 現在 住居生活 環境にはどのくらい満足していますか?

質問項目	大変 不満足 ⟵		普通		大変 満足 ⟶
住居費用(家賃など)	1	2	3	4	5
住宅周辺の掃除及びごみの状態	1	2	3	4	5
市場, 大型スーパーなどの利用	1	2	3	4	5
各種社会福祉施設の状態	1	2	3	4	5
病院, 保険所など医療施設の利用	1	2	3	4	5
周辺自然環境	1	2	3	4	5
治安, 犯罪 など 安全有無	1	2	3	4	5
未就学子女の養育環境	1	2	3	4	5
学校, 学院など教育環境	1	2	3	4	5

9. 在日韓国人の祭りに関する 質問です。

質問項目	全く 否定 ⟵		普通		大変 肯定 ⟶
在日韓国人の祭りが朝鮮民族のイメージを高めていると思う.	1	2	3	4	5
在日韓国人の祭りが朝鮮民族のプライドを高めていると思う.	1	2	3	4	5
在日韓国人の祭りが同族間で親しさを感じさせると思う.	1	2	3	4	5
在日韓国人の祭りが民族文化を維持, 敬称するのに役立つと思う.	1	2	3	4	5
在日韓国人の祭りが地域の経済発展に役立つと思う.	1	2	3	4	5
在日韓国人の祭りが日本人との関係改善に役立つと思う.	1	2	3	4	5
在日韓国人の祭りが在日韓国人に対する差別意識をなくすのに役立つと思う.	1	2	3	4	5
在日韓国人の祭りが韓国と日本との関係改善に役立つと思う.	1	2	3	4	5
私は在日韓国人の祭りが韓国のイメージ 高めると思う.	1	2	3	4	5
私は在日韓国人の祭りが韓国製品のイメージを高めると思う.	1	2	3	4	5

III. 次は民族的アイデンティティに関する質問です。

質問項目	全く否定 ⟵		普通		完全に肯定 ⟶
韓国語ができる。	1	2	3	4	5
日常生活で韓国語を使う。	1	2	3	4	5
家族との対話で韓国語を使う。	1	2	3	4	5
韓国の文化に関心を持っている。	1	2	3	4	5
韓国の伝統節句(旧正月, 秋夕)の風習を守っている。	1	2	3	4	5
韓国の結婚風習を守っている。	1	2	3	4	5
韓国伝統料理を好んで食べている。	1	2	3	4	5
在日韓国人の伝統行事に積極的に参加している。	1	2	3	4	5
在日韓国人の子孫であるという事実にプライドを感じる。	1	2	3	4	5
在日韓国人の歴史に詳しい。	1	2	3	4	5
在日韓国人の 存在する背景に詳しい。	1	2	3	4	5
在日韓国人の歴史、伝統、風習などを勉強している。	1	2	3	4	5
在日韓国人で構成される組織、もしくは社会団体(商工会, 文化団体など)に積極的に参加している。	1	2	3	4	5
在日韓国人の団体に強く所属感を持っている。	1	2	3	4	5
知り合いの在日同士と在日韓国の歴史や文化に対し、日常、話し合っている。	1	2	3	4	5
在日韓国人の伝統文化が保存、継承されるべきだと思う。	1	2	3	4	5
日本蔑視や批判発言に対し、望ましくないと思う。	1	2	3	4	5
外国から日本蔑視発言がなされると、腹が立つ。	1	2	3	4	5
(日本国籍の方へ) 日本国籍を持っているのがうれしい。	1	2	3	4	5
日本の地域社会での構成員として受け入れられている。	1	2	3	4	5
日本政府の外国人(移住民)政策に満足している。	1	2	3	4	5
日本の歴史、伝統、風習などに精通するように努力している。	1	2	3	4	5
日本の歴史や文化に詳しい。	1	2	3	4	5
(日本国籍の方へ)国民として強い所属感を感じる。	1	2	3	4	5
知り合いに日本のことをしょっちゅう話している。	1	2	3	4	5

IV. 次は韓国との関係に対する質問です。

10. 自分のアイデンティティはどこに近いと思いますか?

① 在日韓国　② 日本　③ 在日韓国 / 日本
④ 韓国　⑤ その他

11. 韓国に対してどのくらい親しみを感じますか?

① 非常に強く感じる　② 親しい　③ 普通
④ 遠く感じる　⑤ 非常に遠く感じる

12. 最近5年の間、韓国を訪問したのは何回ですか?

① ない　② 2、3年に一度　③ 毎年 一回 訪問
④ 1に2、3回訪問　⑤ 用務のある場合、たびたび訪問

13. 韓国にいる家族や親戚との交流はありますか?

① はい　② いいえ

14. 次は韓国との関連活動に関する質問です。

質問項目	全く否定		普通		完全肯定
韓国の団体や組織が運営するプログラムに子女を入れたことがありますか.	1	2	3	4	5
韓国の団体や組織の中で活動している.	1	2	3	4	5
韓国選挙に投票したことがある.	1	2	3	4	5
韓国の政治活動に参加したり、活動したことがある.	1	2	3	4	5
韓国のドラマや 映画、 K-popを楽しんでいる.	1	2	3	4	5
韓国の祭り, 文化活動に参加している.	1	2	3	4	5
韓国の新聞や雑誌を見たり、インターネットなどを活用したことがある.	1	2	3	4	5
韓国にいる, 親戚に金銭やお土産を送ったことがある.	1	2	3	4	5

韓国にいる親戚から金銭やお土産をもらったことがある.	1	2	3	4	5
今後、韓国に帰国して暮らしたい.	1	2	3	4	5
日本に続けて滞在するつもりである.	1	2	3	4	5

V. 最後に、韓国政府に対する要求事項、希望事項 などを遠慮なく書いて下さい。

ご協力有難うございました。

Социальный опрос по изучению повседневной жизни, идентичности казахстанских корей цев и отношение с Республикой Кореей

No.			

Здравствуй те!

Исследовательский центр по изучению состояния и культуры зарубежных корей цев при Национальном Университете Чоннам «Chonnam National University Research Center for Overseas Korean Business&Culture» – это организация, проводит анкетирование о миграции, поселении, культурной жизни, предпринимательской деятельности корей цев проживающих зарубежом, а также занимается исследованием нерешенных политических вопросов проводимой по отношению к ним для отражения в государственной политики. В данном исследовательском центре проводиться научное исследование о повседной жизни, идентичности, понимание о родине корей цев проживающих в Казахстане. Согласно «Закону О Государственной Статистике» ст.33, содержание ответов, полученных в ходе опроса будет применено лишь в рамках данных исследований , гарантируется полная конфиденциальность. Убедительная просьба отвечать искренно и абсолютно на все вопросы без исключения, даже несмотря на то, что это может занять определенное количество времени. Ваш искренний ответ будут полезны м для казахстанских корей цев в создании качественной жизни и для получения сфер услуг и подходящей полити ки в поддержку стабилизации условий проживания.

Благодарим Вас за участие в опросе.

Апрель, 2015 год

Корея, Национальный Университет Чоннам, Научно-ис следовательский центр по изучению бизнеса и культуры зарубежных корей цев, ответственное лицо: Сон Бон Гю

Телефон: 82+62-530-2702

E-mail: polisun@hanmail.net

Вопросы о себе. Прошу Вас ответит на все вопросы.

I. Вы можете выразить мнение, отметив знаком «» в соот ветствующем месте.

1. Ваш пол	1. Мужской 2. Женский
2. Ваш возраст	( )
3. Ваше образование	1. Начальное(1-4классы) 2. Среднее неполное(5-9классы) 3. Среднее(10-11классы) 4. Средне-профессиональное(колледж) 5. Высшее 6. Послевузовское(магистратура, докторантура) 7. Другое________________
4. Место работы	1. Профессиональный сотрудник (преподователь универс итета, врач, адвокат и др) 2. Специализированные работы (техник,инженер, художн ик и др) 3. Госслужащий 4. Менеджер(офисный служащий) 5. Торговая деятельность(книги, вещи) 6. Работа в сфере услуг (прачечная, химчистка, парикмахерская,салон красоты,р есторан,отель и др) 7. Производственная деятельность (промышленность, печатное дело,транспортное произво дство и др) 8. Сельскохозяй ственная деятельность (лесное хозяй ство, животноводство, рыболовство и др) 9. Домохозяй ка 10. Студент 11. Генеральный директор компании 12. Другое________________
5. Место рождения	1. Казахстан 2. Корея 3. Узбекистан 4. Другое______________
6. Поколение	1. 1-ое поколение(родился в Казахстане) 2. 2-ое поколение(родители родились в Казахстане) 3. 3-ое поколение (дедушка и бабушка родились в Казахс тане) 4. Другое________________

7. Место проживание и срок проживание	1. Место проживание ( ) 2. Срок проживание ( )
8. Семей ное положение	1. Женат/замужем 2. Холост/незамужем 3. Разведен/разведена 4. Вдовец/вдова 5. Другое_____________
9. Национальность супруга(-и)	1. Кореец(-янка) 2. Казах(-шка) 3. Русский (-ая) 4. Узбек(-чка) 5. Другое______________________
10. Годовой доход	1. Менее 2000$ 2. От 2000$ до 3000$ 3. От 3000$ до 4000$ 4. От 4000$ до 5000$ 5. От 5000$ до 6000$ 6. От 6000$ до 7000$ 7. От 7000$ до 8000$ 8. От 8000$ и более
11. Знание русского языка	1. Абсолютно не знаю 2. Немного говорю и понимаю 3. Средне говорю и понимаю 4. Хорошо говорю и понимаю 5. Свободно говорю и понимаю
12. Знание казахского языка	1. Абсолютно не знаю 2. Немного говорю и понимаю 3. Средне говорю и понимаю 4. Хорошо говорю и понимаю 5. Свободно говорю и понимаю
13. Знание корей ского языка	1. Абсолютно не знаю 2. Немного говорю и понимаю 3. Средне говорю и понимаю 4. Хорошо говорю и понимаю 5. Свободно говорю и понимаю
14. Религия	1. Христианство 2. Православное 3. Ислам 4. Буддизм 5. Другое_______________

II. Далее вопросы о повседной жизни. Выберите вариант и поставьте в соответствующем месте

1. Когда Вы одеваете национальный костюм «Ханбок»?

2. Далее вопросы об отношении к национальному костюму «Ханбок».

	1. Полностью не согласен(-на) 2. Не согласен(-на) 3. Затрудняюсь ответить 4. Согласен(-на) 5. Полностью согласен(-на)					
1	Я думаю что Ханбок это традиционный костюм корей цев.	1	2	3	4	5
2	Я горжусь традиционным костюмом Ханбок	1	2	3	4	5
3	Я думаю если одеть выглядит очень красиво, ес ли носит не удобно.	1	2	3	4	5
4	Я считаю Ханбок это устаревшая мода, я предпоч итаю западный стиль в одежде	1	2	3	4	5
5	Я желаю чтобы молодежь одевала Ханбок	1	2	3	4	5
6	Я желаю носить Ханбок, но по экономическим пр ичинам не могу.	1	2	3	4	5

3. Кушаете ли Вы с семьей кимчи?

① Да ② Нет

4. Кушаете ли Вы с семьей пасту из красного перца и с оевую пасту?

① Да ② Нет

5. Что Ваша семья готовит на Новый Год по лунному кален дарю? Напишите.

( )

6. Что Вы в основном едите дома?

① Корей ское блюдо ② Казахское блюдо

③ Корей ско-казахское блюдо

7. Дома в основном используете кровать?

① Да ② Нет

8. Насколько Вы довольны с предоставленными условиями по месту проживания?

	1. Полностью не согласен(-на) 2. Не согласен(-на) 3. Затрудняюсь ответить 4. Согласен(-на) 5. Полностью согласен(-на)					
1	Стоимость жилья	1	2	3	4	5
2	Состояние чистоты и мусора вокруг дома	1	2	3	4	5
3	Доступность рядом рынков и больших супермар кетов	1	2	3	4	5
4	Доступность услуг социального обеспечения	1	2	3	4	5
5	Расположение и доступность больниц, клиник и поликлиники	1	2	3	4	5
6	Природа вокруг дома	1	2	3	4	5
7	Состояние безопасности, общественное спокой ствие, криминал и т.д.	1	2	3	4	5
8	Доступность детей посещать школу	1	2	3	4	5
9	Доступность получения образования в школах, университетах, и др.	1	2	3	4	5

9. Далее вопросы о важности понимании корей ских праздников

	1. Полностью не согласен(-на) 2. Не согласен(-на) 3. Затрудняюсь ответить 4. Согласен(-на) 5. Полностью согласен(-на)					
1	Я считаю что корей ские праздники повышают ими дж корей цев	1	2	3	4	5
2	Я считаю что корей ские праздники повышают само уважение корей цев	1	2	3	4	5
3	Я считаю что корей ские праздники укрепляют дру жеские отношения с другими корей цами	1	2	3	4	5
4	Я считаю что корей ские праздники это сохранение культуры нации, и помогают передать ее нашему молодому поколению	1	2	3	4	5
5	Я считаю что корей ские праздники помогут эконом ическому разитию региона.	1	2	3	4	5
6	Я считаю что корей ские праздники помогают нала живать отношение с казахами	1	2	3	4	5
7	Я считаю что корей ские праздники помогают реша ть понимание разницы о корей цах	1	2	3	4	5
8	Я считаю что корей ские праздники помогают налаж ивать отношение с страной проживания и с родиной	1	2	3	4	5
9	Я считаю что корей ские праздники помогают улуч шать имидж родины	1	2	3	4	5
10	Я считаю что корей ские праздники помогают улуч шать имидж продукции сделанной на родине	1	2	3	4	5

III. Вопросы о этнической идентичности корей цев

	1=Полностью не согласен(-на) 2=Не согласен(-на) 3=Затрудняюсь ответить 4=Согласен(-на) 5=полностью согласен(-на)					
1	Я могу писать на корей ском языке	1	2	3	4	5
2	Я использую корей ский язык в повседневной жизни	1	2	3	4	5
3	Я общаюсь с семьей на корей ском языке	1	2	3	4	5
4	Я сильно интересуюсь корей ской культурой	1	2	3	4	5
5	Я соблюдаю уй гурские традиционные праздник и(Новый год, Чхусок)	1	2	3	4	5
6	Я соблюдаю корей ские традиционные свадебн ые обряды	1	2	3	4	5
7	Я часто кушаю корей ские традиционные блюда	1	2	3	4	5
8	Я активно принимаю участие в корей ских трад иционных общественных мероприятиях	1	2	3	4	5
9	Я горжусь тем, что являюсь корей цом(-янкой)	1	2	3	4	5
10	Я испытываю чувство близости к всем корей цам	1	2	3	4	5
11	Я хорошо знаю о казахстанских корей цев	1	2	3	4	5
12	Я стараюсь понять историю, традиции, обычаи к орей ского народа	1	2	3	4	5
13	В основном я состою в организациях, созданных корей цами, а также принимаю активное участи е в деятельности корей ских общественных орг анизаций	1	2	3	4	5
14	Я испытываю сильное чувство принадлежности к корей скому народу	1	2	3	4	5
15	Я часто рассказываю другим о культуре и истор ии корей цев	1	2	3	4	5
16	Я считаю, что культура и традиции корей цев д олжны передаваться из поколения в поколение	1	2	3	4	5
17	Я чувствую себя униженным(-ой), когда читаю статьи содержающие оскорбления о Казахстане	1	2	3	4	5
18	Я горжусь тем, что живу в Казахстане	1	2	3	4	5

19	Я рад(-а) тому, что являюсь гражданином(-кой) Казахстана	1	2	3	4	5
20	Местные люди признают меня своим человеком	1	2	3	4	5
21	Я удовлетворен(-а) миграционной политикой Казахстана	1	2	3	4	5
22	Я стараюсь познать историю, традиции, обычаи Казахстана	1	2	3	4	5
23	Я хорошо знаком(-а) с историей и культурой К азахстана	1	2	3	4	5
24	Я испытываю сильное чувство принадлежности к Казахстану	1	2	3	4	5
25	Я часто рассказываю другим о культуре и истор ии Казахстана	1	2	3	4	5
26	Считаю, что корей цы, живущие в Казахстане, д олжны изучить и использовать казахский язык	1	2	3	4	5

IV. Выберите вариант и поставьте в соответствующем месте

10. К какой национальности Вы принадлежите?

① Кореец(-янка) ② Казах(-шка)

③ Казахо-кореец ④ Другое______________

11. В какой степени вы чувствуете близость с Республикой Кореей ?

① Очень близко

② Близко

③ Затрудняюсь ответить

④ Испытываю чувство отдаленности

⑤ Абсолютно не испытываю чувство близости

12. Как часто Вы посещали Корею за последние 5 лет?

① Не посещал(а) ② Один раз в 2-3 года

③ Один раз в год ④ 2-3 раза год

⑤ Посещаю часто при необходимости

13. Есть ли у Вас родственники или члены семьи, которые живут в Корее?

① Да ② Нет

14. Вы можете выразить свое мнение, отметив знаком «✓» в соответствующем месте.

	1= Полностью не согласен(-на) 2=Не согласен(-на) 3=Затрудняюсь ответить 4=Согласен(-на) 5=полностью согласен(-на)					
1	Были случаи, когда я отправлял(-а) своих детей н а мероприятия, организованные корей скими органи зациями или сообществами.	1	2	3	4	5
2	Я участвую в собраниях организованные корей ским и организациями или сообществами	1	2	3	4	5
3	Я участвовал(-а) в политических процессах Респуб лики Корея.	1	2	3	4	5
4	Я часто смотрю корей ские сериалы, фильмы и слу шаю корей скую музыку(K-pop)	1	2	3	4	5
5	Я принимаю участие в корей ских традиционных фе стивалях, культурных мероприятиях.	1	2	3	4	5
6	Я читаю корей ские газеты и журналы, а также пол ьзуюсь корей скими сай тами	1	2	3	4	5
7	Были случаи, когда я отправлял(-а) деньги или по дарки родственникам,живущим в Корее	1	2	3	4	5
8	Я получал(-а) подарки или деньги от родственнико в проживающих в Корее	1	2	3	4	5
9	Я хочу вернуться и проживать в Корее	1	2	3	4	5
10	Я в дальней шем планирую жить в Казахстане	1	2	3	4	5

V. Ваши мнения или предложения по поводу проводимой правительством Республики Кореи политики в отноше нии мирного воссоединения Корей ского полуострова. В ы можете выразить ниже:

| 찾아보기 |

(ㅊ)

(ㅋ-ㅍ)

(ㅎ)

(ABC)